JN089543

新型コロナ
対策と
自治体財政

緊急アンケートから考える

平岡和久・森 裕之 著

自治体研究社

はしがき

　新型コロナウイルス禍に対して、住民の命と暮らし・営業を守る最前線である自治体は緊急かつ多岐にわたる対策を求められました。自治体の対策には予算の裏付けが求められます。新型コロナ対策では多額の予算が必要となることから、自治体独自に財源を確保するのは限界があります。そこで、自治体は国の補正予算措置をよく見極め、活用しなければなりません。同時に、国の予算措置が不十分であったり、遅れたりした場合、自治体独自の努力によって早め早めに財源を確保しなければなりません。

　また、新型コロナウイルス禍では、住民の命と暮らし・営業を守り、地域を維持するために公共部門・自治体は何をなすべきかが鋭く問われることとなり、これまでの自治体行財政や予算のあり方を根本から問い直す契機ともなりました。

　本書では、政府の新型コロナ対策と補正予算措置を検討するとともに、自治体の対策と予算対応の実情を整理します。さらに、都道府県・政令市・中核市の財政担当課にたいして実施したアンケート調査をもとに、新型コロナウイルス対策と自治体予算と自治体財政運営の課題を明らかにします。

　本書が、この冬以降のコロナ対策や補正予算、また次年度予算編成にかかわって、住民、議会、自治体行政などでの検討の参考になればと願っています。

　なお、本書における自治体アンケートでは、関係自治体の財政担当課にご協力いただきました。記して感謝申し上げます。

新型コロナ対策と自治体財政
—緊急アンケートから考える—

［目次］

今後の補正予算における減額補正の考え方 ／ 新型コロナウイルス感染症対応地方創生臨時交付金の課題 ／ 新型コロナウイルス感染症緊急包括支援交付金 ／ 新型コロナ対応による 2020 年度の地方税の延納・徴収猶予の影響について ／ 今後の地域経済対策について ／ 秋・冬の第二波への対応 ／ 地方一般財源総額実質前年度同水準ルールについて ／ 政府のコロナ対応の財政措置について ／ 起債について

Ⅰ 部

新型コロナ対策と自治体財政の動向・課題

1

新型コロナ対策と自治体財政

1 新型コロナ禍の地域経済

　2019 年の年末、中国・武漢市において確認された新型コロナウイルス感染症は、2020 年 1 月には日本での感染が確認され、中国、韓国、日本での感染拡大に続いて、欧州、米国などで爆発的に感染が広がりました。その後、世界的な感染爆発を受けて、3 月には WHO がパンデミックを宣言しました。日本では、政府が 4 月に緊急事態宣言を発出し、人と人との接触を 8 割減らすことが強調され、外出自粛、移動制限など社会経済活動の抑制が全国に広がりました。

　人の国際的な移動が制限されるとともに、各国で外出制限や店舗・施設の閉鎖などの措置をとったため、消費需要が激減し、経済全体が麻痺し、中小企業・小規模事業者や個人事業主は倒産の危機に瀕し、失業・休業により所得が失われ、生活の危機に直面することになりました。世界経済は後退局面に入り、世界恐慌の様相を見せ始めました。

　新型コロナ禍の日本経済への影響をみると、2020 年 4 月の消費支出は前年同月比 11.1％ 減となり、日銀 6 月短観における業務判断指数（DI）マイナス 34（11 年ぶりの低水準）となりました。また、内閣府が 9 月 8 日に発表した四半期別 GDP 速報（二次速報値）によると、2020 年 4 月〜6 月期の GDP（季節調整済）は年率換算でマイナス 28.1％ と

なっています。内閣府の7月30日発表の試算による2020年度の日本の経済成長率はマイナス4.5%（IMFの予測ではマイナス5.8%、民間エコノミストの予測（ESPフォーキャスト）ではマイナス5.75%）となっていますが、秋・冬の第三波いかんでは、さらにマイナスとなる可能性があります。

　緊急事態宣言が解除され、いったん感染が収まったかにみえた日本では、7月から第二波の様相を呈しましたが、政府は、第一波時と異なり、緊急事態宣言を発することなく、東京都のみを除外しながら全国的にGoToトラベルを前倒しで実施しました。

　地域経済について、日銀さくらレポート（7月9日）によれば、全地域で4月景気判断から引き下げており、「悪化している」または「厳しい状態にある」などとなっています。家計調査でも、二人以上世帯の消費支出（実質）は前年度同月比で、4月はマイナス11.1%、5月はマイナス16.2%と悪化し、6月にマイナス1.2%とやや持ち直しをみせましたが、7月にはマイナス7.6%と再び悪化しました。また、総務省統計局の労働力調査によると、7月の非正規労働者は前年同月に比べ131万人減少しており、非正規労働者の雇い止めが深刻であることがうかがえます。

　新規陽性者数は8月上旬をピークに低下傾向をみせましたが、9月に入っても感染が収束せず、「新しい生活様式」の実施と相まって、社会経済活動は元に戻るにはほど遠い状況が続いています。7月、8月には企業収益の悪化と倒産の増加がみられ（内閣府「月例経済報告」2020年8月）、雇用面でも悪化が懸念されています。

　地域の事業者や住民生活の困窮に対して公共部門、とりわけ基礎的自治体が積極的に支援することが求められますが、同時に新型コロナの感染を押さえ込むことなしには、地域の社会経済活動を戻し、地域経済の回復を図ることは難しい状況にあります。

2 自然災害としてのコロナ禍と政策のあり方

　新型コロナ禍は自然災害の一種として捉えることができます。ただし、自然災害であってもそれに対する社会的備えや政策的対応いかんによって被害が拡大することがあります。

　今回の新型コロナ禍を災害として捉えれば、それに対する政策の枠組みは環境政策を参考に整理することができます。ここでは、宮本憲一氏の環境政策論を参考に、新型コロナ禍への政策の枠組みを以下のように整理してみましょう[1]。

　第一に、被害実態を総合的に把握することです。新型コロナによる被害は健康被害、社会経済的被害、社会的弱者への被害集中などを含め、総合的に捉えなければなりません。

　第二に、被害の原因と責任の所在を明らかにすることです。新型コロナ禍は第一義的には新型コロナウイルスのパンデミックによる健康被害の拡大ですが、同時に、パンデミックが引き起こす社会経済的被害は社会的・政策的な要因が影響します。被害拡大の原因には、感染症のパンデミックという災害への備えの不備や、パンデミックに対する政策的対応の遅れや失敗を含むものと考えられます。こうした社会的・政策的原因を明らかにすることによって、被害拡大の責任の所在をも明らかにしなければなりません。

　第三に、被害者へのケア・補償と生活・経営の維持・再建を行うことです。検査と早期の診断、治療とともに、感染拡大やそれに対する社会経済活動の抑制策に伴う経済的損失への補償や生活・経営への支援が求められます。特に、医療・福祉・教育・物流など社会経済活動に不可欠な従事者や機関への支援や社会的弱者への支援を重視しなけ

1　宮本憲一『新版　環境経済学』岩波書店、2007 年、第 4 章参照。

ればなりません。

第四に、感染拡大防止、収束のための規制や行政手段、公民協力などの展開です。社会的検査体制の確立にもとづき、感染集積地を中心に膨大な検査による感染者の隔離・保護・治療および追跡により感染拡大防止を食い止め、抑え込まねばなりません。その際、住民に身近な自治体の取り組みを重視しながら、予算措置と適切な行政手段を取ることが求められます。また、感染拡大を食い止めるには行政のみでなく、地域コミュニティや各機関、企業などの協力が必要です。

第五に、感染症パンデミック災害に対する備えや予防を重視することです。公衆衛生、医療提供体制を抜本的に再構築するとともに、グローバル化によるリスクを回避するために国内・地域内産業基盤などを強化する必要があります。

3　新型コロナ第一波と対策の問題点、教訓

日本におけるコロナ禍には政策的要因が大きく影響しています。感染拡大に関する政策要因としては、まずインバウンド推進による感染拡大があげられます。中国の春節旅行客からの新型コロナウイルス武漢型の感染拡大がこれにあたります。

次に、空港検疫対応の不十分さによる感染拡大です。2月のインバウンドに続き、3月に欧米等からの帰国者が新型コロナウイルス欧米型の感染拡大をもたらしました。無症状者が検疫で捕捉されなかったことがうかがえます。

さらに、PCR検査抑制策による感染拡大です。第一波が収まりかけた時期にPCR検査の無症状者への拡大が不十分なままであったことから、無症状者による見えない感染のリスクがやがて東京におけるエピセンターを形成し、全国に感染を拡大させたといわれています。

今回の新型コロナ感染症拡大に対しては4月に緊急事態宣言が出され、休業要請、外出自粛など政策的に社会経済活動を抑制した結果、国内需要の大幅な縮小を起こすとともに、供給面でも影響が出ました。

　政府による緊急事態宣言にもとづく社会経済活動の抑制策が社会経済を大きく落ち込ませたのですから、それを埋めるだけの財政出動は不可欠であり、財政赤字をおそれて財政出動を抑制すれば、経済全体が衰退してしまいます。しかし、感染拡大が止まらず供給面での重大な縮小が主要な分野で起こるようなことがあれば、経済システムは破壊されます。第一波の重要な教訓は、一律の社会経済活動の抑制策とそれを埋めるための財政出動一辺倒ではなく、感染を徹底して封じ込める抜本対策が不可欠だということです。

　感染拡大防止策が不十分なままで社会経済活動を戻すと、感染拡大防止も社会経済活動も両方とも失敗します。さらに、再び外出自粛と休業要請が行われるならば社会経済に破壊的作用を及ぼします。感染拡大の防止と社会経済活動維持を両立するよう抜本的に対策を再構築することが不可欠なのです。

　第一波に対する政府の対策が不十分かつ後手後手にまわるなかで、自治体独自の対策が取られました。ただし、自治体は中央政府と異なり、財政余力の範囲で予算措置を講じざるをえません。緊急時は自治体の自助努力だけでは限界があり、政府による財源保障が不可欠です。

4　自治体財政の仕組みと見方

　コロナ対策と自治体財政を見るうえで、自治体財政の仕組みと見方について解説しておきましょう。

　自治体が独自のコロナ対策を行ううえで、財源をどう確保するかが重要です。その際、自治体の4大財源（地方税、地方交付税、国庫支

図1-1　自治体の4大財源

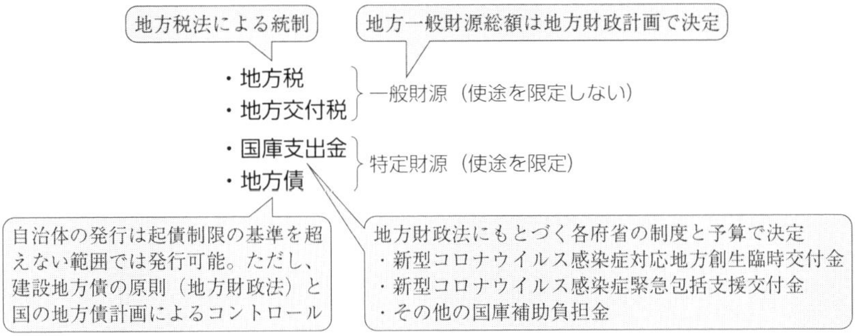

| 地方税法による統制 | 地方一般財源総額は地方財政計画で決定 |

・地方税
・地方交付税　} 一般財源（使途を限定しない）

・国庫支出金
・地方債　} 特定財源（使途を限定）

自治体の発行は起債制限の基準を超えない範囲では発行可能。ただし、建設地方債の原則（地方財政法）と国の地方債計画によるコントロール

地方財政法にもとづく各府省の制度と予算で決定
・新型コロナウイルス感染症対応地方創生臨時交付金
・新型コロナウイルス感染症緊急包括支援交付金
・その他の国庫補助負担金

出所：筆者作成。

出金、地方債）の仕組みを理解しておくことが大切です（**図1-1**）。

　まず、地方税には、都道府県税としての都道府県民税（個人・法人）、法人事業税、地方消費税、自動車税など、市町村税としての市町村民税（個人・法人）、固定資産税、軽自動車税などがあります。これらの地方税は地方税法に定められたルールに従って課税・徴収されます。これら主要な地方税はコロナ禍のような緊急事態には税率を引き上げることにより税収増を図ることは困難であり、むしろ、経済的に苦しむ事業者等や住民には税の減免や徴収猶予が求められます。

　次に、地方交付税は、地方税収のみで標準的な行政がまかなえない自治体に対して、標準的な行政を行うのに必要な一般財源（使途を限定しない財源）を保障するために、国税の一定割合を原資として交付されるものです。国全体の地方交付税の総額は、地方一般財源総額から地方税総額等を差し引いて決まります。地方一般財源総額を決めるのが地方財政計画です。自治体が自由に使える一般財源が不足する場合、地方財政計画の歳出を引き上げる必要があります。しかし、その点は個々の自治体が裁量できるものではありません。地方一般財源総額については、2011年度から実質前年度同水準ルールが適用されてい

図1-2　地方一般財源総額の推移（地方財政計画ベース）

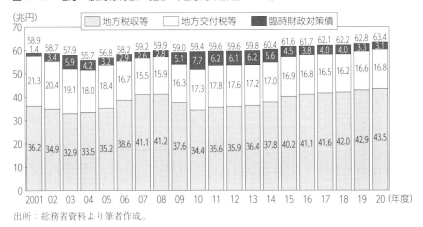

出所：総務省資料より筆者作成。

　ます。実質前年度同水準ルールは前年度と全く同額を意味するのでは
なく、国が新たに導入する施策等にともなう財源は上乗せされますが、
この間、高齢化に伴う社会保障関係費の自然増に対して毎年度抑制が
かけられてきたため、実質的に地方一般財源総額は抑制されてきたと
言ってよいでしょう（図1-2、図1-3）。また、各自治体の普通交付
税（地方交付税の94％分）の算定については、基準財政需要額と基準
財政収入額によって決まりますが、基準財政需要額の算定は地方交付
税法で定めた測定単位・単位費用および総務省令で定めた補正係数に
よってコントロールされます（図1-4）。
　第三に、国庫支出については、地方財政法にもとづき各府省の制度
として決まっているものと各府省が予算のなかで導入するものとがあ
ります。生活保護費国庫負担金や義務教育費国庫負担金などは地方財
政法に規定された国庫支出金です。一方、今回のコロナ対策で導入さ
れた新型コロナウイルス感染症緊急包括支援交付金や新型コロナウイ
ルス感染症対応地方創生臨時交付金は予算措置によるものです。自治
体の新型コロナ対策の財源としてまず当てにするのがこうした国庫支

図1-3　地方財政計画における各歳出項目の推移（通常収支分）

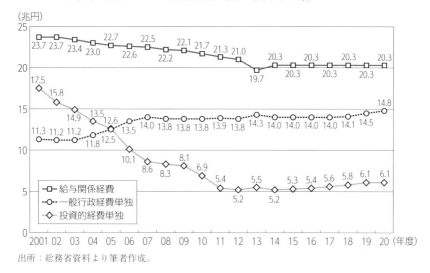

出所：総務省資料より筆者作成。

図1-4　基準財政需要額の算定のしくみ

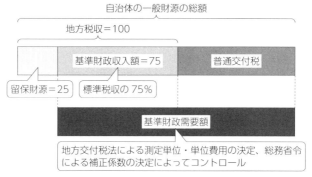

出所：筆者作成。

出金です。それゆえに、国の補正予算がきわめて重要となります。

　第四に、自治体による地方債については、起債制限の基準を超えない範囲では発行可能となっています。ただし、地方債は地方財政法に規定された建設地方債の原則（公営企業の経費や建設事業の財源を調

図1-5　形式収支と実質収支

出所：筆者作成。

達する場合のみに発行が認められるという原則）と国の地方債計画に
よってコントロールされており、建設事業等以外の地方債については、
地方財政法により認められ、かつ国による交付税措置（地方債の元利
償還費の一定割合について交付税を上乗せ）がない限り、発行するこ
とは困難な状況です。

　次に自治体財政の収支状況や余裕度をみるために実質単年度収支を
理解することが大切です。自治体の普通会計の決算をみる場合、まず
は歳入から歳出を差し引いた**形式収支**から翌年度に繰り越すべき財源
を差し引いた**実質収支**が公式の収支であり、決算が黒字か赤字をみる
には実質収支をみる必要があることを確認する必要があります（**図1
-5**）。ただし、実施の決算をみると、ほとんどの自治体の実質収支は
黒字となっており、それだけみても財政に余裕があるか逼迫している
かを判断できません。

　そこで注目したいのが**実質単年度収支**です。今年度の実質収支から
前年度の実質収支を差し引いたものを**単年度収支**といいます。単年度
収支をみることで、実質黒字（赤字）が前年度から増えたか減ったかが
わかります。さらに、単年度収支から積立金取崩し額を差し引き、積
立金および繰上償還金を加算したものが実質単年度収支です（**図1-
6**）。実質収支を黒字にするために積立金を取り崩して歳入に入れた場

図1-6　単年度収支と実質単年度収支の関係図

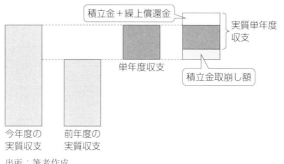

出所：筆者作成。

図1-7　実質単年度収支赤字団体比率の推移

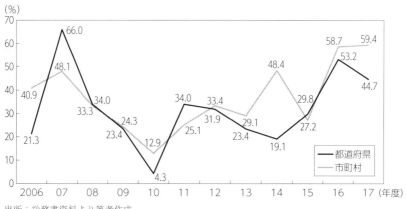

出所：総務書資料より筆者作成。

合、積立金取崩し額を除いた額が実質的な収支を表します。また、積立金を積んだ場合はその分を加算することで実質的な収支が表されます。さらに、繰上償還を行った場合、本来の償還スケジュールより前倒しで地方債を償還したことになりますので、その分を加算することで実質的な収支が表されます。

　では、自治体の実質単年度収支はどうなっているでしょうか。図1-7は近年の都道府県および市町村における実質単年度収支赤字団体

の比率の推移をみたものです。これをみると、2010 年度以降、都道府県や市町村における実質単年度収支赤字団体の比率が上昇傾向にあることがわかります。地方一般財源総額の実質前年度同水準ルールのもとで、自治体によって違いがあるものの、全体として自治体財政は余裕度を低下させていることがうかがえます。

5　政府のコロナ対策と補正予算

　第一波に対して政府の対策と予算措置は遅れました。第一次補正予算案は 4 月 7 日に閣議決定され、その後変更のうえで 4 月 20 日に再度閣議決定され、4 月 30 日に成立しました。その規模は 25.7 兆円であり、そのうち「緊急支援フェーズ」が 21.3 兆円、「V 字回復フェーズ」が 2.8 兆円、予備費が 1.5 兆円となっています（表 1 - 1）。「緊急フェーズ」の主な内訳は、新型コロナウイルス感染症緊急包括支援交

表 1 - 1　2020（令和 2）年度一般会計補正予算（第 1 号）フレーム

（単位：億円）

歳　　出		歳　　入	
1．新型コロナウイルス感染症緊急経済対策関係経費	255,655	1．公債金	256,914
（1）感染拡大防止策と医療提供体制の整備及び治療薬の開発	18,097	（1）建設公債	23,290
		（2）特例公債	233,624
（2）雇用の維持と事業の継続	194,905		
（3）次の段階としての官民を挙げた経済活動の回復	18,482		
（4）強靱な経済構造の構築	9,172		
（5）新型コロナウイルス感染症対策予備費	15,000		
2．国債整理基金特別会計へ繰入	1,259		
合　　計	256,914	合　　計	256,914

（注）計数はそれぞれ四捨五入によっているので、端数において合計とは一致しないものがある。

出所：財務省ウェブサイト（https://www.mof.go.jp/budget/budger_workflow/budget/fy2020/fy2020.html#hosei）2020 年 10 月 5 日を参照。

付金（以下、緊急包括支援交付金）1490億円、医療機関等へのマスク等の優先配布953億円、人工呼吸器・マスク等の生産支援117億円、幼稚園・小学校・介護施設等におけるマスク配布など感染拡大防止策792億円、全世帯への布マスク（いわゆるアベノマスク）配布233億円（予備費を合わせると466億円）、アビガンの確保139億円、治療薬等の研究開発・ワクチンの研究開発等516億円、新型コロナウイルス感染症対応地方創生臨時交付金（以下、地方創生臨時交付金）1兆円、となっています（表1-2）。

「V字回復フェーズ」の主な内訳は"GoTo"キャンペーン事業（仮称）1兆6794億円、GIGAスクール構想の加速による学びの保障2292億円、雇用調整助成金の特例措置の拡大690億円、中小・小規模事業者等の資金繰り対策3兆8316億円、中小・小規模事業者等に対する新たな給付金2兆3176億円、全国全ての人々への新たな給付金12兆8803億円、子育て世帯への臨時特別給付金1654億円、となっています。

第二次補正予算は6月12日に成立しましたが、その規模は31.9兆円です（表1-3）。そのうち予備費が10兆円、資金繰り対応が11.6兆円となっており、残る10.2兆円が純粋に「真水」に相当します。10.2兆円の内訳は雇用調整助成金の拡充等4500億円、家賃支援給付金2兆円、緊急包括支援金の拡大など医療提供体制等の強化3兆円、地方創生臨時交付金2兆円、持続化給付金の強化1.9兆円などとなっています（表1-4）。

東京オリンピック・パラリンピックへの考慮や財政規律論、あるいは検査抑制論などの影響から検査・医療提供体制の確立の方針と財政措置は不十分でかつ遅れました。

第一次補正予算の不十分な点は一定程度第二次補正予算でカバーされましたが、以下の点で課題が残っています。第一に、検査と隔離・

表1-2 2020（令和2）年度補正予算（第1号）の概要

1．新型コロナウイルス感染症緊急経済対策関係経費	255,655億円
（1）感染拡大防止策と医療提供体制の整備及び治療薬の開発	18,097億円
・新型コロナウイルス感染症緊急包括支援交付金（仮称）〔1,490億円〕 （PCR検査機器整備、病床・軽症者等受入れ施設の確保、人工呼吸器等の医療設備整備、応援医師の派遣への支援等）	
・医療機関等へのマスク等の優先配布〔953億円〕、人工呼吸器・マスク等の生産支援〔117億円〕	
・幼稚園、小学校、介護施設等におけるマスク配布など感染拡大防止策〔792億円〕、全世帯への布製マスクの配布〔233億円〕	
・アビガンの確保〔139億円〕、産学官連携による治療薬等の研究開発〔200億円〕、国内におけるワクチン開発の支援〔100億円〕、国際的なワクチンの研究開発等〔216億円〕	
・新型コロナウイルス感染症対応地方創生臨時交付金（仮称）〔10,000億円〕 ※緊急経済対策の全ての事項についての対応として、地方公共団体が地域の実情に応じてきめ細やかに実施する事業に充当	
（2）雇用の維持と事業の継続	194,905億円
・雇用調整助成金の特例措置の拡大〔690億円〕 ※上記は一般会計で措置した週労働時間20時間未満の雇用者に係るものであり、20時間以上の雇用者については、労働保険特別会計で7,640億円を措置している	
・中小・小規模事業者等の資金繰り対策〔38,316億円〕	
・中小・小規模事業者等に対する新たな給付金〔23,176億円〕	
・全国全ての人々への新たな給付金〔128,803億円〕	
・子育て世帯への臨時特別給付金〔1,654億円〕	
（3）次の段階としての官民を挙げた経済活動の回復	18,482億円
・"GoTo"キャンペーン事業(仮称)〔16,794億円〕	
・「新型コロナリバイバル成長基盤強化ファンド（仮称）」の創設〔1,000億円〕	
（4）強靱な経済構造の構築	9,172億円
・サプライチェーン対策のための国内投資促進事業費補助金〔2,200億円〕	
・海外サプライチェーン多元化等支援事業〔235億円〕	
・農林水産物・食品の輸出力・国内供給力の強化〔1,984億円〕	
・GIGAスクール構想の加速による学びの保障〔2,292億円〕	
・公共投資の早期執行等のためのデジタルインフラの推進〔178億円〕	
・中小企業デジタル化応援隊事業〔100億円〕	
（5）今後への備え	15,000億円
・新型コロナウイルス感染症対策予備費〔15,000億円〕	
2．国債整理基金特別会計へ繰入	1,259億円
補正予算の追加歳出計	256,914億円

出所：表1-1に同じ。

保護および医療提供体制に対する予算措置はいまだ不十分です。特に検査能力の抜本的拡充と感染集積地の全員検査やエッセンシャルワーカーの全員定期検査を含む社会的検査の実施に対する方針確立と予算措置がとられていません。また、医療提供体制の維持・拡充には緊急

表1-3 2020（令和2）年度一般会計補正予算（第2号）フレーム

（単位：億円）

歳　　出			歳　　入	
1．新型コロナウイルス感染症対策関係経費	318,171	1．公債金		319,114
(1) 雇用調整助成金の拡充等	4,519	(1) 建設公債		92,990
(2) 資金繰り対応の強化	116,390	(2) 特例公債		226,124
(3) 家賃支援給付金の創設	20,242			
(4) 医療提供体制等の強化	29,892			
(5) その他の支援	47,127			
① 新型コロナウイルス感染症対応地方創生臨時交付金の拡充	20,000			
② 低所得のひとり親世帯への追加的な給付	1,365			
③ 持続化給付金の対応強化	19,400			
④ その他	6,363			
(6) 新型コロナウイルス感染症対策予備費	100,000			
2．国債整理基金特別会計へ繰入（利払費等）	963			
3．既定経費の減額（議員歳費）	▲ 20			
合　　計	319,114	合　　計		319,114

（注1）係数はそれぞれ四捨五入によっているので、端数において合計とは一致しないものがある。
（注2）1.(2)には国債整理基金特別会計へ繰入（日本政策投資銀行の保有する交付国債の償還 4,432 億円）を含む。
出所：表1-1に同じ。

包括支援交付金がありますが、国の一次補正予算ではわずか1490億円ときわめて不十分でした。二次補正予算では2兆2370億円と大幅拡充されましたが、自治体からは、事業メニューや補助対象が限定的で補助基準上限が定められており、地方単独事業に使えないなど、地域の実情に合った柔軟な運用が困難であるという不満が出ています。また、医療機関の経営支援（新型コロナ患者受け入れ病院以外の医療機関を含む）が不可欠ですが、医療機関の減収補てんに踏み出せていません。

　第二に、一律休業要請、外出等の自粛要請が社会経済活動に甚大なダメージになったこととともに、休業要請に対する補償の不在、およ

表 1 - 4 2020（令和 2）年度補正予算（第 2 号）の概要

1．新型コロナウイルス感染症対策関係経費	318,171 億円
（1）雇用調整助成金の拡充等	4,519 億円

※上記は労働保険特別会計への繰入や週所定労働時間 20 時間未満の労働者にかかる事業について、一般会計で措置した額であり、この他、同特別会計で 8,576 円を措置している。

（2）資金繰り対応の強化	116,390 億円
・中小・小規模事業者向けの融資〔88,174 億円〕	
・中堅・大企業向けの融資〔4,521 億円〕	
・資本性資金の活用〔23,692 億円〕	

┌─金融機能の強化─┐
金融機能強化法に基づく民間金融機関に対する資本参加スキームの期限を延長するとともに、資本参加枠を 15 兆円に拡充。
└──────────┘

（3）家賃支援給付金の創設	20,242 億円
（4）医療提供体制等の強化	29,892 億円
・新型コロナウイルス感染症緊急包括支援交付金〔22,370 億円〕	
※うち医療〔16,279 億円〕、介護等〔6,091 億円〕	
・医療用マスク等の医療機関等への配布〔4,379 億円〕	
・ワクチン・治療薬の開発等〔2,055 億円〕	
（5）その他の支援	47,127 億円
①　新型コロナウイルス感染症対応地方創生臨時交付金の拡充	20,000 億円
②　低所得のひとり親世帯への追加的な給付	1,365 億円
③　持続化給付金の対応強化	19,400 億円
④　その他	6,363 億円
・持続化補助金等の拡充〔1,000 億円〕	
・農林漁業者の経営継続補助金の創設〔200 億円〕	
・文化芸術活動の緊急総合支援パッケージ〔560 億円〕	
・自衛隊の感染症拡大防止・対処能力の更なる向上〔63 億円〕	
・地域公共交通における感染拡大防止対策〔138 億円〕	
・個人向け緊急小口資金等の特例貸付〔2,048 億円〕	
・教員、学習指導員等の追加配置〔318 億円〕	
・教育 ICT 環境整備等のための光ファイバ整備推進〔502 億円〕	
・学校再開に伴う感染症対策・学習保障等〔421 億円〕	
・スマートライフ実現のための AI シミュレーション事業〔14 億円〕	
（6）新型コロナウイルス感染症対策予備費	100,000 億円
2．国債整理基金特別会計へ繰入（利払費等）	963 億円
3．既定経費の減額（議員歳費）	▲ 20 億円
補正予算の追加歳出計	319,114 億円

（注）このほか、令和 2 年度補正予算（第 1 号）で措置した新型コロナウイルス感染症対策予備費を活用し、学生支援緊急給付金 531 億円（令和 2 年 5 月 19 日閣議決定）、医療用マスク等の医療機関等への配布 1,680 億円及び診療報酬上の特例的な評価（国庫負担分）159 億円（令和 2 年 5 月 26 日閣議決定）を措置。

出所：表 1 - 1 に同じ。

び経済的なダメージを受けた社会経済部門に対する経済支援の不十分性、遅れがさらに被害を深刻化させたことです。特に、被害が深刻な社会的弱者に対するケアや文化芸術活動への支援は不十分でした。

　第三に、地方創生臨時交付金（以下、地方創生臨時交付金）の位置

づけの問題です。地方創生臨時交付金（総額1兆円）は第一次補正予算で導入され、都道府県と市町村に交付されましたが、人口当たりの交付限度額は人口が少なく財政力の低い県に傾斜配分されることになりました。そのため、コロナ対策の財政需要があっても財政力指数が高い自治体はきわめて低い交付限度額になっています（人口当たり交付限度額は東京都が最も少ない）。

　地方創生臨時交付金（二次補正）は総額2兆円と増加されましたが、第一次交付分と同様、コロナ対策の財政需要があっても財政力指数が高い自治体はきわめて低い交付限度額になっています（人口当たり交付限度額は東京都が最も少ない）。

　地方創生臨時交付金は自由度が比較的高く、地方団体の要望を受けて第二次補正で増額されたこともあり、自治体からは評価されています。

　しかし、そもそも政府の地方創生の目的は、人口減少に歯止めをかけるとともに、東京圏への人口の過度の集中是正および定住環境づくりにあります。2019年12月に策定された政府の地方創生第二期の総合戦略では、「地方創生は、出生率の低下によって引き起こされる人口の減少に歯止めをかけるとともに、東京圏への人口の過度の集中を是正し、それぞれの地域で住みよい環境を確保して、将来にわたって活力ある日本社会を維持することを目的としている」と述べられています。

　政府の地方創生の目的は、人口減少に歯止めをかけるとともに、東京圏への人口の過度の集中是正および定住環境づくりであることから、新型コロナ対策が地方創生の目的に沿ったものだとすれば、何でもありになってしまいます。政府の事例集にもそのことが反映されています。ただし、実施計画に沿った執行が求められるなどのしばりがあり、基金造成も一部しか認められないため、真に新型コロナ対策に資する

単独事業を実施できるかどうかは自治体の力量にかかっています。自治体間の生き残り競争を促進する地方創生政策の性格がここに表れているといえます。

東京都への交付制限は地方創生交付金だからでしょうか。感染の最大集積地である東京都への財政措置こそ、国の責任として重視しなければならないのではないでしょうか。東京都は財政力による調整をはずすよう要望しています。また、自治体からは、基金造成などによる年度間流用は一部のみ認められており、より幅広く認めてほしいという要望が出されています。

第四に、予備費が巨額に上ったことです。第一次補正予算の予備費1.5兆円に加えて第二次補正予算では10兆円の予備費が計上されましたが、憲法の財政民主主義の原則に違反するものです。

なお、予備費のうち約4兆円分の執行が閣議決定されています。その内訳は、持続化給付金の対応強化など1兆1257億円（8月7日）、ワクチンの確保6714億円（9月8日）、ワクチンや医療提供体制の確保など1兆6386億円（9月15日）、雇用調整助成金の特例措置など5492億円（10月16日）となっています[2]。

第五に、第二波、第三波に対する予算措置が不十分である一方、GoToキャンペーン事業やアベノマスクなどニーズや時宜にそぐわない予算が見直されないままになっていることです。

第六に、持続化給付金の委託費における再委託問題にみられるように、不透明な委託費の流れや特定事業者に利益が集中する問題が正されていないことです。

第七に、新型コロナウイルス感染症対策に係る財政需要の増加、職員体制強化も含め、自治体が安定した財政運営を行えるよう、地方一般財源総額の確保、拡充が行われていないことです。

2 『朝日新聞』2020年10月24日朝刊を参照。

6 地域経済対策の展開と課題

　新型コロナウイルス感染症の拡大にともない、世界経済の悪化の影響や外出自粛、休業要請等の社会経済活動の抑制策により、日本経済は急速に悪化し、その影響はきわめて広範囲に及びました。それに対して、政府は次のような対策を講じました。

　第一に、中小企業等に対する無利子・無担保融資等による資金繰り支援（日本政策金融金庫、商工中金、民間金融機関）であり、セーフティネットとして機能を発揮しました。ただし、無利子・無担保融資は当座の資金繰りにはなりますが、中小企業等の経営悪化が長期化した場合には限界があります。

　第二に、全住民を対象とした定額給付金（住民一人 10 万円）は、緊急の所得保障として導入され、市区町村が給付事務を担いました。小規模自治体ではすばやい給付が行われた一方、大都市部では事務手続きの遅れから大幅に給付が遅れました。一律 10 万円給付という枠組みは真に困窮した人々への手当という点では問題がありましたが、緊急対策としてやむを得ない面があったとおもわれます。ただし、一過性の給付では限界があります。

　第三に、雇用調整助成金の特例措置であり、新型コロナの影響で事業活動を縮小せざるを得ない事業主が労働者に対して一時的な休業等を行う場合、休業手当について助成するものです。当初の助成額は一人一日 8330 円が上限でしたが、4 月から一人一日 1 万 5000 円に引き上がっています。雇用調整助成金の申請については手続きが煩雑であるという問題が指摘されています。9 月 17 日時点で約 126 万件の申請があり、約 113 万件が支給決定となっています。なお、雇用調整助成金の特例措置は 9 月末が期限でしたが 12 月末まで延長となっています

（厚労省ウェブサイトによる）。

　第四に、持続化給付金（上限は法人200万円、個人100万円、前年同月比50％以上売り上げ減少等が条件）は、新型コロナの影響で経営が悪化した事業者にとって貴重な支援ですが、対象が限定され、経済的被害に広く対応するものとなっていません。経産省によれば、9月14日時点で給付件数は約332万件、給付総額約4.3兆円にのぼります。なお、当初は手続きの遅れが問題となりましたが、経産省によれば申請から給付まで14日以内が67％となっています（8月末時点）（経産省ウェブサイトによる）。

　第五に、小規模事業者持続化補助金（50万円、コロナ特別枠100万円）は、小規模事業者が広く申請できる制度であり、採択率は比較的高くなっています。

　第六に、家賃支援給付金（上限は法人600万円、個人300万円。家賃の3分の2を支給、前年同月比50％以上売り上げ減少等が条件）は、家賃負担に苦しむ事業者にとって貴重な支援ですが、これも対象が限定されている問題があります。また、給付の遅れが指摘されており、9月17日時点で給付率は約3割にとどまっています（東京新聞ウェブサイト9月20日）。

　第七に、税・保険料の減免、徴収猶予です。新型コロナの影響で納税が困難な場合、国税とともに地方税の1年間の徴収猶予特例の適用を受けることができます。また、国民健康保険料（税）や介護保険料など保険料の減免を自治体が行う場合、国による財政措置がとられます。

　第八に、地方創生臨時交付金による自治体の単独事業であり、自治体の独自の対策が最も期待できるものです。これについては後で検討します。

7　新型コロナウイルス感染症緊急包括支援交付金

　新型コロナウイルス感染症緊急包括支援交付金は、第一次補正予算で導入され、第二次補正予算で拡充されました。交付対象は都道府県事業および都道府県の補助事業（市区町村および民間団体の事業）です。

　対象となる事業は医療分野では交付要綱の別表に示された相談窓口設置事業、新型コロナウイルス感染症患者等入院医療機関設備整備事業など 19 事業に限定されます。また、市区町村や民間団体は直接申請することができず、都道府県が認めた事業について都道府県から申請されることになります。

　国の一次補正予算ではわずか 1490 億円（5／10 補助。補助裏は地方創生臨時交付金で手当）でしたが（**表 1−5**）、二次補正予算では 2 兆 2370 億円と大幅拡充されました。また、補助率も 10／10 に変更され、遡及適用されることになりました（**図 1−8**）。さらに、これまでの医療分野に加えて介護・福祉分野の支援が追加されました（**図 1−9**）。

　6 月 16 日に発表された第一次交付額は総額 3929 億 5000 万円でしたが、8 月 5 日に公表された変更交付決定額（第二次補正分）は既交付分を合わせたものであり、総額 1 兆 7177 億 8000 万円でした。交付決定額を人口千人当たりでみると、最も多い奈良県が 2330 万円、最も少ない静岡県が 800 万円となっています（**図 1−10**）。

8　新型コロナウイルス感染症対応地方創生臨時交付金

　新型コロナウイルス感染症対応地方創生臨時交付金（以下、地方創生臨時交付金）の第一次補正予算分の概要は以下のとおりです。

表 1−5 新型コロナウイルス感染症緊急包括支援交付金（医療分）
[令和2年度第二次補正予算案：1兆6,279億円（一次補正：1,490億円）]

○新型コロナウイルス感染症の事態長期化・次なる流行の波に対応するため、新型コロナウイルス感染症緊急包括支援交付金を抜本的に拡充し、新型コロナ対応を行う医療機関に対する支援と併せて、その他の医療機関に対する支援を実施することにより、都道府県における医療提供体制の更なる整備や感染拡大防止等を推進する。
【実施主体】都道府県（市区町村事業は間接補助）【補助率】国 10/10
※補正予算成立後、本年4月に遡って適用

新規事業の追加　11,788 億円
・重点医療機関（新型コロナウイルス感染症患者専用の病院や病棟を設定する医療機関）の病床の確保
・重点医療機関等における超音波画像診断装置、血液浄化装置、気管支ファイバー等の設備整備
・患者と接する医療従事者等への慰労金の支給
・新型コロナウイルス感染症疑い患者受入れのための救急・周産期・小児医療機関の院内感染防止対策
・医療機関・薬局等における感染拡大防止等のための支援

既存事業の増額　3,000 億円
※このほか、一次補正の都道府県負担分（1,490億円）を二次補正において国費で措置
・入院患者を受け入れる病床の確保、医療従事者の宿泊施設確保、消毒等の支援
・入院医療機関における人工呼吸器、体外式膜型人工肺（ECMO）、個人防護具、簡易陰圧装置、簡易病室等の設備整備
・軽症者の療養体制の確保、自宅療養者の情報通信によるフォローアップ
・帰国者・接触者外来等における HEPA フィルター付き空気清浄機、HEPA フィルター付きパーテーション、個人防護具、簡易診療室等の設備整備
・重症患者に対応できる医師、看護師等の入院医療機関への派遣
・DMAT・DPAT 等の医療チームの派遣
・医師等が感染した場合の代替医師等の確保
・新型コロナウイルス感染症対応に伴う救急医療等地域医療体制の継続支援、休業等となった医療機関等の再開等支援
・外国人が医療機関を適切に受診できる環境の整備
・帰国者・接触者相談センターなど都道府県等における相談窓口の設置
・患者搬送コーディネーター配置、広域患者搬送体制、ドクターヘリ等による搬送体制の整備
・都道府県における感染症対策に係る専門家の派遣体制の整備
・地方衛生研究所等における PCR 検査機器等の整備

出所：厚生労働省ウェブサイト（https://www.mhlw.go.jp/wp/yosan/yosan/20hosei/dl/20hosei04.pdf）2020 年 10 月 5 日を参照。

　地方創生臨時交付金の交付対象は都道府県と市区町村であり、単独事業（10/10）と補助事業（地方負担額）からなります。基本的にはソフト事業を対象としますが、ソフト事業に付随するハード事業も対象となります。予算総額は1兆円であり、そのうち単独事業が7000億円（都道府県3500億円、市区町村3500億円）、国庫補助事業の地方負担

図1-8 新型コロナウイルス感染症緊急包括支援交付金（介護分）
[令和2年度第二次補正予算案4,132億円]

> ○介護サービスは高齢者やその家族の生活を支え、高齢者の健康を維持する上で不可欠。
> 今後は、感染による重症化リスクが高い高齢者に対する接触を伴うサービスが必要となる介護サービスの特徴を踏まえ、最大限の感染症対策を継続的に行いつつ、必要なサービスを提供する体制を構築する必要。
> ○そこで、必要な物資を確保するとともに、感染症対策を徹底しつつ介護サービスを再開し、継続的に提供するための支援を導入。
> ○また、新型コロナウイルスの感染防止対策を講じながら介護サービスの継続に努めていただいた職員に対して慰労金を支給する。

事業内容

1 感染症対策の徹底支援
○感染症対策を徹底した上での介護サービス提供を支援【事業者支援】（感染症対策に要する物品購入、外部専門家等による研修実施、感染発生時対応・衛生用品保管等に柔軟に使える多機能型簡易居室の設置等の感染症対策実施のためのかかり増し費用）
○今後に備えた都道府県における消毒液・一般用マスク等の備蓄や緊急時の応援に係るコーディネート機能の確保等に必要な費用【都道府県支援】

2 介護施設・事業所に勤務する職員に対する慰労金の支給
○新型コロナウイルス感染症が発生又は濃厚接触者に対応した施設・事業所に勤務し利用者と接する職員に対して慰労金（20万円）を支給
○上記以外の施設・事業所に勤務し利用者と接する職員に対して慰労金（5万円）を支給

3 サービス再開に向けた支援
○ケアマネジャーや介護サービス事業所によるサービス利用休止中の利用者への利用再開支援（アセスメント、ニーズ調査、調整）等

4 都道府県の事務費

補助額等

実施主体：都道府県
補助率：国 10／10

事業の流れ

国
↓ 交付（10／10）

| 都道府県 | 衛生用品の備蓄支援等 |

↓ 交付　↓ 交付

感染症対策の徹底支援	職員への慰労金の支給	サービス再開支援
感染症対策に必要な物品や研修等のかかり増し費用	職員への慰労金	利用者へのアセスメント 再開準備

出所：表1-5に同じ。

分（国と地方の共同事業）が3000億円となっています（なお、後に国の第二次補正予算において国庫補助事業の地方負担分3000億円のうち1490億円は単独事業に回ることになりました）。

交付金の各自治体への交付限度額は人口（人口規模を考慮した補正

図1-9 新型コロナウイルス感染症緊急包括支援交付金（障害福祉サービス等分）
[令和2年度第二次補正予算案：1,508億円]

○障害福祉サービス等は、障害児者やその家族等を支える上で必要不可欠であることから、感染症対策を徹底した上で、障害福祉サービス等を提供する体制を構築するための支援を実施する。
○また、新型コロナウイルス感染症が発生した施設・事業所においてサービス継続のために業務に従事した職員等に対して慰労金を支給する。

障害福祉サービス施設・事業所等

サービス再開支援	感染症対策の徹底支援	職員への慰労金支給
○相談支援事業所や基幹相談支援センター等の相談支援専門員や障害福祉サービス事業所等が、サービスの利用を控えている方への利用再開支援のため、アセスメントやニーズ調査・調整を実施。	○障害福祉サービス施設・事業所等における感染症対策の徹底のため、 ・感染症対策のための各種物品の購入・外部専門家等による研修の実施 ・感染発生時対応・衛生用品保管等に柔軟に活用可能な多機能型簡易居室の設置等、必要となるかかり増し費用を助成。	○新型コロナウイルス感染症が発生又は濃厚接触者に対応した施設・事業所に勤務し利用者と接する職員に対し慰労金（20万円）を支給。 ○上記以外の施設・事業所に勤務し利用者と接する職員に対し慰労金（5万円）を支給。

交付

都道府県
○都道府県における、今後に備えた消毒液・マスク等、必要な物資の備蓄を支援。
○緊急時の応援に係るコーディネート機能の確保
○感染対策相談窓口の設置

交付（10／10）

国

出所：図1-5に同じ。

含む）、感染状況等、および財政力によって算定されます。人口当たりの交付限度額は人口が少なく財政力の低い県に傾斜配分されることになります。

交付金のうち単独事業分交付限度額の算定方法をみると、都道府県分は以下の算定式で算出されます。

都道府県分：4800円×人口×$(0.5 \times A \times B \times \alpha + 0.5 \times C \times \beta) \times D$

A：都道府県区分（特定警戒都道府県1.2、感染者数の対人口比

図1-10　都道府県人口千人当たり新型コロナウイルス感染症緊急包括支援交付金

図1-10　都道府県人口千人当たり新型コロナウイルス感染症緊急包括支援交付金
（医療分・第二次補正分）

(100万円)

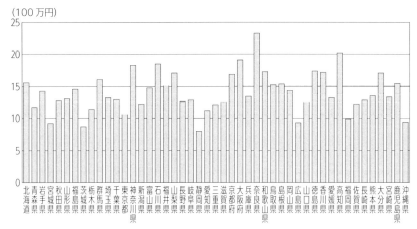

出所：厚生労働省ウェブサイトより筆者作成。

　　　が全国平均以上の県 1.1、それ以外は 1.0)

　　B：ピーク時の医療需要に係る係数（外来患者数、入院患者数、
　　　重症患者数に係る指数）

　　C：段階補正（人口170万人＝1.00、人口が少ない県は割り増し、
　　　人口の多い都道府県は割落とし）

　　D：(1.18−財政力指数)×0.8＋0.2
　　　＊東京都の財政力指数1.18から東京都のD値は0.2

　α・β：総額に合わせつけるための調整係数

　交付限度額の算出には財政力指数が入っていますので、コロナ対策
の財政需要があっても財政力指数が高い自治体はきわめて低い交付限
度額になります。実際、人口当たり交付限度額は東京都が最も少ない
額になっています。市区町村の交付限度額の算定方法は都道府県の算
定方法とほぼ同様です。

次に、地方創生臨時交付金の二次補正予算分の概要は以下のとおりです。

　交付金の交付対象は都道府県と市区町村であり、単独事業（10/10）のみとなっており、予算総額は2兆円です。「事業継続、雇用維持対応」（1兆円程度）と「新しい生活様式対応」（1兆円程度）に分けて、限度額が算定されます。「新しい生活様式」対応であればハード事業だけでも対象になります。

(1)　「事業継続、雇用維持対応」（都道府県分）は以下の算定式で算出されます。

　　都道府県分：2400円×（人口＋事業所数×α）×A×B×β

　　　　A：都道府県区分（特定警戒都道府県のうち5月25日緊急事態宣言解除の都道府県1.4など）

　　　　B：（1.0−財政力指数）×0.5＋0.5

　　　　　＊東京都の財政力指数1.18から東京都のB値は0.41

　　　　α・β：総額に合わせつけるための調整係数

(2)　「新しい生活様式対応」（都道府県分）は以下の算定式で算出されます。

　　都道府県分：5300円×人口×A×B×C×α

　　　　A：段階補正

　　　　B：年少者人口割合×0.5＋高齢者人口割合×0.5

　　　　C：（1.18−財政力指数）×0.8＋0.2

　　　　　＊東京都の財政力指数1.18から東京都のC値は0.2

　　　　α：総額に合わせつけるための調整係数

　第一次補正分と同様に第二次補正分でも交付限度額の算出には財政力指数が入っていますので、コロナ対策の財政需要があっても財政力

指数が高い自治体はきわめて低い交付限度額になります（図1-11）。実際、第二次補正分でも人口当たり交付限度額は東京都が最も少ない額になっています（図1-12）。市区町村の交付限度額の算定方法は都道府県の算定方法とほぼ同様です。

　なお、全国知事会は地方創生臨時交付金の単独事業分の活用状況調査を行っていますが、それによると、8月4日照会時点で潜在的財政需要額を含む不足見込み額は約5000億円であり、全都道府県で不足が見込まれることが明らかになりました。そのことを踏まえて、全国知事会は政府に対して地方創生臨時交付金の増額および弾力的運用を提言しています[*3]。

9　自治体の独自対策と財源確保策

　政府の対策と予算措置が大幅に遅れたなかで、自治体や地域において独自の取組みと予算措置が行われました。自治体独自のPCRセンターやドライブスルー型のPCR検査が広がるとともに、多くの都道府県で休業要請に応えた事業者への協力金が独自に導入されました。

　自治体独自の地域事業者や各層へのきめ細かな支援が展開されました。例をあげると、兵庫県明石市では経済的弱者や子どもへの支援を重視し、一人親世帯や子育て世帯への手当の上乗せ、学生や個人商店への緊急支援、テイクアウト・デリバリー型の子ども食堂、未就学児への絵本の宅配便などを行っています。北海道東川町では、大学生への臨時奨学金などの支援の他、町内飲食店の配達支援サービス「出前イーツひがしかわ」や、収入が減少した人のための「しごとコンビニ」（ちょっと働きたい人を登録し、ちょっと手伝ってほしい事業者等との

3　全国知事会第二回地方税財政常任委員会資料（http://www.nga.gr.jp/data/activity /chihogyosei/reiwa2nendo/1598344735434.html）2020年8月25日を参照。

図 1 – 11　新型コロナ対応地方創生臨時交付金・一次交付分
（都道府県別人口当たり限度額）

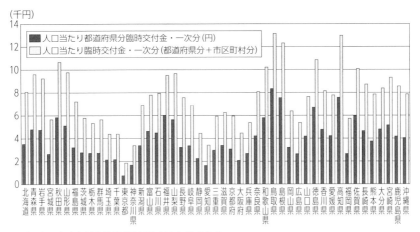

出所：内閣府地方創生推進事務局資料より筆者作成。

図 1 – 12　新型コロナ対応地方創生臨時交付金・第二次分
（都道府県別人口当たり限度額）

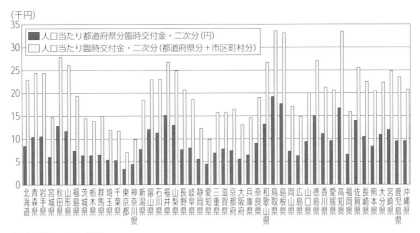

出所：図 1 – 11 に同じ。

マッチング）などに取り組んでいます。

　PCR 検査については、行政検査が不十分な中で、自治体や様々な団体、コミュニティにおける社会的検査の取り組みが行われています。世田谷区では、9月補正予算において区民の命と健康を全力で守るために医療機関への支援を行うとともに、PCR 検査の行政検査体制の拡充を盛り込みました。さらに、社会的インフラを継続的に維持し、重症化を避けるとともに、クラスター化の抑止を図るための PCR 検査（社会的検査）の実施を打ち出しました。対象となるのは介護事業所、障害者施設、保育園等の職員および特別養護老人ホーム等の施設入所予定者となっており、2021 年 1 月までに約 2 万 3000 人分を予定しています[4]。

　大学においても京都産業大学が学内に PCR 検査場を設置したことが注目されています。京産大では 3 月にクラスターが発生しましたが、その対応のなかで無症状者が感染を拡大していることがわかりました。クラスターの経験から、大学として無症状者のスクリーニングのための検査を行うことを検討することになったのです。京産大は島津製作所との包括的連携協力によって学内に PCR 検査センターを設置しましたが、当初は学内スクリーニング施設としてスタートし、検査の経験値を重ねたうえで衛生研究所として届出を行う予定です。衛生研究所となった場合は、京都府、京都市と契約を結び、緊急時には府市からの要請による検査も可能な範囲で受入れることも想定しています。京都府、京都市とも連携を図りながら他大学のスクリーニングへの協力やノウハウの提供も視野に入れ、京都の大学生感染防止に協力するとしています[5]。

4　世田谷区 2020 年度第 3 次補正予算関係資料および世田谷区保健福祉政策部・保健医療福祉推進課「新型コロナウイルス感染症に対する PCR 検査の取り組みについて」2020 年 9 月 2 日を参照。

5　京都産業大学の取り組みについては、大西辰彦副学長へのインタビュー（2020 年 9 月 11 日）による。

検査対象は京都産業大学の学生、教職員かつ発熱などの症状のない者とし、検査方法は唾液検査方法とし、スタート時は1日40件の検査件数を想定しています。検査対象者の負担については検査試薬や消耗品実費の一部負担にとどめ、1回1000円以内を想定しています。

　京産大では無症状者への検査を次のように位置づけています。大学にはオンキャンパスでの学びとオフキャンパスでの学びの両方があります。この両方をつうじた安心・安全なキャンパスライフをつくるのが検査の意義だといいます。オンキャンパスでは、オンライン授業を取り入れ、キャンパスに余裕を持たせるとともに、社会的距離を取るなど感染防止対策を徹底します。オフキャンパスでは、フィールドワーク等の学外活動の際にPCR検査を活用します。また、学内に感染者が出る有事にはオンキャンパスの安全確保のために検査センターを活用することがありえるとしています。

　こうした社会的検査を様々なコミュニティにおいて実施し、それを自治体が支援することが求められます。この点では、多くの大学がある京都府の取り組みが注目されます。京都府は新型コロナ対策を盛り込んだ9月補正予算においてインフルエンザ流行期に備え、府として唾液検体を採取できる診療所の拡充やPCR検査能力の増強、入院病床および宿泊療養施設の拡充に取り組むとしています。それだけでなく、京都府は施設実習生（府内大学の学生）に対するPCR検査費用の支援を打ち出しました（予算額9600万円）。その趣旨は、医療・福祉系学生は施設での実習が不可欠であるのに対して、医療・福祉施設等は基礎疾患のある方が多く、感染発生時のリスクが高いという問題があり、実習生・施設の双方が安心して実習を行える環境を整備するため、実習生が実習前にPCR検査を受けるための費用を支援するというものです。補助率は1／2（一人当たり1回。上限1万円）であり、検査は府立医大・京大・医師会・京都府等によるPCR検査受入支援に関する

協定にもとづいて実施するため1件2万円に費用を抑えるとしています。補助裏の1万円は全額大学負担とし、学生に負担させないことが条件となります。対象は府内の大学・短大・専修学校・高等学校であり、大学では福祉系学部、医学部、看護学部、心理学部等が対象となります。財源は新型コロナウイルス感染症対応地方創生臨時交付金です。

さらに、京都府は大学等の感染防止対策への支援として4億8800万円を組みました。その趣旨は、後期の対面授業再開に向けて学内感染防止対策の強化が必要であり、府内大学が実施する学内施設の感染防止対策や3密を避けた授業実施を支援するというものです。補助対象は食堂・喫茶室、部活動（部室等）の感染防止対策であり、複数教室間中継授業の実施（学内対面授業とオンライン授業の併用実施）などが支援されます。補助率は1／2（1大学の上限1000万円）です。また、学生寮の相部屋解消のための家賃補助については、大学が相部屋を解消する措置を取り、学生が寮を出る場合の家賃を補助します。家賃補助は1000万円の補助上限とは別枠で支援するものであり、補助率は1／3です。この予算も財源は新型コロナウイルス感染症対応地方創生臨時交付金となっています[*6]。

政府の補正予算が不十分な中で、自治体は機動的に対応する必要があります。緊急の補正予算対応では、財政調整基金や減債基金（任意積立分）を取り崩すのは当然です。特定目的基金を議会の承認のもとで用途変更し、活用することも検討すべきです。

活用できる基金に限界がある場合には、既存事業を減額補正し、予算の組み替えで対応することが考えられます。さらに大型建設事業な

6　京都府の取り組みについては、京都府「感染状況を踏まえた今後の対応」（2020年9月1日）、京都府9月補正予算関係資料および京都府文化スポーツ部へのヒアリング（2020年9月10日）による。

ど不要不急の事業の中止・先送りによって必要な一般財源を確保すべきです。

　財政に余裕がない自治体にとって、新型コロナウイルス感染症対応地方創生臨時交付金は貴重な財源となっています。基金の取崩しや当初予算の組み替えをできるだけ回避したい自治体は、補正予算を組む際、国の補助金による事業とともに、地方創生臨時交付金の範囲で休業協力金など独自施策の予算組みを行う傾向もみられます。

　7月以降の感染の再拡大への対応や秋以降への備え、対策において、住民生活と地域経済の守り手としての自治体の真価が問われています。しかし、財源に限りがあることから、自治体は検査体制や感染者の隔離・保護、職員体制の強化などに十分な予算措置がとれていません。また、医療機関の損失補填に踏み出せていません。

　さらに懸念されるのが地方税収減や徴収猶予の影響です。地方税の減収分については減収補てん債でまかなうことができますが、地方消費税が減収補てん債の対象に入っていない問題があります。徴収猶予債については償還期限が1年間ではコロナの影響の長期化のなかでは不十分だといえます。

　緊急事態宣言を受けた都道府県の予算措置をみると、企業・事業主への休業要請に伴う協力金を概ね地方創生臨時交付金（一次分）の配分額の範囲で予算措置を行っているところが多い状況です。なお、東京都と大阪府は臨時交付金（一次分）を大きく上回る協力金の予算を確保しました（図1-13）。しかし、東京都や大阪府でも第二波に対しては休業への協力金の財源が不足しています。

　2019年度の都道府県決算を見込みベースでみると、財政調整基金は東京都9345億円、大阪府1562億円、愛知県954億円、神奈川県616億円などとなっています。これに加えて減災基金（任意積立分）が緊急時に活用可能です。2020年度補正予算における財政調整基金の取り

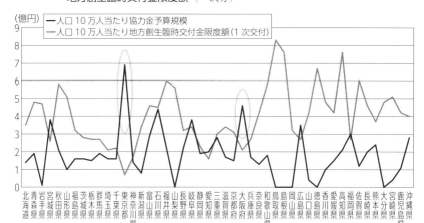

図 1‐13　人口 10 万人当たり都道府県の休業協力金予算規模と
　　　　　地方創生臨時交付金限度額（一次分）

出所：『東京新聞』2020 年 5 月 2 日付および内閣府地方創生推進事務局資料より筆者作成。

崩しは、東京都 8540 億円、大阪府 781 億円、愛知県 107 億円、神奈川
県 31 億円などです（当初予算での取り崩しを除く）。一方、ほとんど
基金取崩しを計上していない県もあります。都道府県別の財政調整基
金残高の減少率をみると都道府県により大きな差異がみられます（**図
1‐14**）。また、特定目的基金の取崩しによる財源確保を行う自治体も
あります。補正予算による特定目的基金の取崩しは、東京都 430 億円、
京都府 38 億円、神奈川県 18 億円などとなっています。

　当初予算の減額補正によって財源を確保する事例としては神奈川県、
静岡県、福岡県、北海道などがあります。9 月補正以降、多くの自治
体が減額補正を検討するものとみられます。

　さらに、市場公募債発行団体の場合、満期一括償還に備えた基金が
あり、非常時には一定程度取り崩すことが考えられます。京都府は府
債管理基金を 23.7 億円取り崩していますが、他の自治体では満期一括
償還に備えた基金の取り崩しは行われていません。

図1-14　都道府県別財政調整基金残高減少率

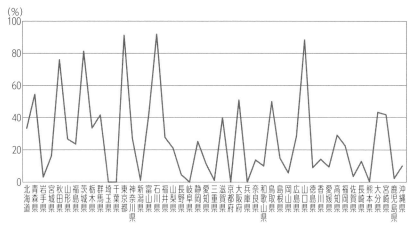

＊財政調整基金 2019 年度末残高に対する 2020 年度当初予算・補正予算での取崩しによる減少率

出所：『朝日新聞』2020 年 7 月 12 日付より筆者作成。

　補正予算で当初予算の減額補正を行う自治体もあります。都道府県では 6 月補正予算までに神奈川県、静岡県、福岡県、北海道などが減額補正を行っています。

10　政府の対策と財政政策の課題

　緊急事態宣言解除以降、感染者が再拡大し、無症状者による感染拡大による感染集積地（エピセンター）が東京に形成され、そこから全国に広がりました。エピセンターを封じ込めるには無症状者を含め検査を抜本的に拡大（感染集積地の全員検査、病院・高齢者施設・エッセンシャルワーカーの全員検査など）するとともに保護・隔離、医療体制の整備が喫緊に必要となっています。

　児玉龍彦氏（東京大学先端科学技術センター・名誉教授）の提案とそれにもとづく世田谷区の取り組みに学び、**感染集積地（エピセ**

ンター）は全員検査、その周辺地域は世田谷モデル（行政検査等の拡充、エッセンシャルワーカーへの定期的検査など）の実施、未感染集積地は検診を活用して抗体検査・抗原検査・PCR検査の併用、といったそれぞれの地域に即した対策が求められます[7]。そのための政府の方針確立と予算措置、法整備とともに、地域に即した対策を進めるための自治体の役割が重要となります。

　財政に関しては、以下の点が求められます。第一に、国と地方の大幅な税収減のなかで、新型コロナウイルス感染症対策に係る財政需要の増加、職員体制強化も含め、自治体が安定した財政運営が行われるよう、地方一般財源総額の確保、拡充が必要です。

　第二に、医療機関への減収補填を含む経営支援が必要です。新型コロナウイルス感染症患者を受入れる医療機関に対しては一定の財政支援が行われていますが、減収そのものに対しては補てんのための財政支援はありません。また、新型コロナウイルス感染症患者を受入れる医療機関以外の医療機関も減収から経営難に陥っていますが、政府による支援が行われていません。第二波、第三波に対して医療機関が経営を心配せず、新型コロナウイルス感染症患者はもちろん、それ以外の患者に対しても安定した医療を提供できるよう、経営支援を行うことが不可欠です。

　第三に、PCR検査の抜本的拡充のための予算措置です。先にみたように、感染集積地の全員検査、その周辺地域における行政検査等の拡充、エッセンシャルワーカーへの定期的検査など、未感染集積地における検診を活用して抗体検査・抗原検査・PCR検査の併用といった検査を実施するには現行の予算を抜本的に拡充するとともに、検査能力

7　YouTube動画「地域別コロナと闘う処方箋〜100のやらない理由より踏み出す一歩の大切さ【新型コロナと闘う　児玉龍彦×金子勝】20200820」（https://www.youtube.com/watch?v=lsoh0kkam-I）と徳田安春（2020）を参照。

を増強する必要があります。

　第四に、休業要請を行う場合の国による補償金の制度化と財源保障です。第一波に対する画一的な休業要請は地域経済に大打撃となりましたので、安易に画一的な休業要請を行うことには慎重であるべきですが、自治体が休業要請を行う場合の国による補償金の制度化と自治体に対する財源保障は不可欠でしょう。その場合、都道府県だけでなく、より地域に即した対策を行えるよう、市区町村への財源保障を重視すべきです。

　第五に、緊急包括支援交付金の柔軟運用、対象拡大および増額です。現行の緊急包括支援交付金はかなり縛りが強く、柔軟な運用が困難となっています。包括交付金にふさわしい柔軟な運用とすることや単独事業を含め自治体の裁量で広く使えるようにすべきです。また、都道府県への交付だけでなく、市区町村も交付対象とすべきです。

　第六に、地方創生臨時交付金の年度間流用、柔軟運用、配分基準の見直しおよび増額・制度継続です。特に交付限度額の算定から財政力を外し、新型コロナ禍が深刻でニーズが大きい自治体の財源を保障する制度とすべきです。

　第七に、災害対策基本法等の改正により、コロナ禍を自然災害として位置づけ、災害対応の財政措置を適用することです（特別交付税、交付税措置のある地方債発行など）。

　第八に、コロナによる雇用・経営危機に対して雇用・地域経済を支えるには、消費税を含む税の納税免除・延納、雇用調整助成金、家賃補助、持続化給付金などを継続することが求められます。

　また、不況・財政赤字拡大期にこそ消費税減税とセットで法人税率の引き上げ、所得税の累進課税強化等によるビルトインスタビライザー機能、再分配機能の強化を図る必要があります。

11 第二波、第三波における自治体の対策と財政運営の課題

　9月30日、各府省の概算要求がとりまとめられました。新型コロナウイルス緊急包括支援交付金やPCR検査・抗原検査の実施などの厚労省の新型コロナ対策は事項要求となっており、具体的な予算要求額が定まっていません。

　総務省は2021年度の地方交付税の概算要求をとりまとめるとともに、2021年度地方財政収支の仮試算を公表しました（表1-6）。それによると、2021年度は交付税の原資となる国税4税の法定率分がマイナス1.9兆円、地方税等がマイナス3.6兆円と見込まれています。それに対して地方交付税は一般会計からの加算2.1兆円等により出口ベースで対前年度マイナス0.4兆円の16.2兆円が見込まれています。地方税の減収に対応して臨時財政対策債（臨財債）はプラス3.7兆円の6.8兆円となっており、臨財債への依存度が急拡大することになります。トータルな地方財政計画の規模は前年度と同水準の90.8兆円、うち一般財源総額は63.2兆円（マイナス0.2兆円）、水準超経費を除く一般財源総額で62.1兆円（プラス0.4兆円）となっています。

　総務省の概算要求では、地方交付税は16.2兆円＋事項要求としており、事項要求の内容は巨額の財源不足（10.2兆円）に対応した交付税率の引き上げです。事項要求が通らなければ、自治体は予算編成において大幅に臨財債発行に頼らざるを得ないことになります[8]。

　以上のように、総務省の概算要求と2021年度地方財政収支の仮試算は、これまでの地方一般財源総額の前年度実質同水準ルールが踏襲されたままであり、新型コロナ禍で明らかになった自治体職員体制強化

　8　総務省「令和3年度の地方財政の課題」（https://www.soumu.go.jp/main_content/000708815.pdf）2020年9月30日を参照。

表 1-6　2021 年度地方財政収支の仮試算【概算要求時】

【通常収支分】　　　　　　　　　　　　　　　　　　　　　　　　　　　　　　（単位：兆円）

区分	2020 年度	2021 年度			仮試算の考え方
			増減	増減率	
（歳出）	兆円	兆円	兆円	％	
給与関係経費	20.3	20.3	0.0	0.0	令和 2 年度同額
一般行政経費	40.4	41.1	0.7	1.7	社会保障費の増（自然増及び充実分・人づくり革命分の増）
補助	22.7	23.2	0.5	2.3	
単独	14.8	14.9	0.1	1.0	
国民健康保険・後期高齢者医療制度関係事業費	1.5	1.5	0.0	2.4	
まち・ひと・しごと創生事業費	1.0	1.0	0.0	0.0	
地域社会再生事業費	0.4	0.4	0.0		令和 2 年度同額
投資的経費	12.8	12.8	0.0	0.0	
直轄・補助	6.6	6.6	0.0	0.0	
単独	6.1	6.1	0.0	0.0	
公債費	11.7	11.6	▲0.1	▲0.8	
その他	5.6	5.1	▲0.6	▲10.2	水準超経費の減
計	90.7	90.8	0.0	0.0	
うち一般歳出計	75.8	76.5	0.7	0.9	
（歳入）					
地方税等	43.5	39.9	▲3.6	▲8.3	「中長期の経済財政に関する試算」（令和 2 年 7 月 31 日内閣府）による各種指標等を用いて試算
地方税	40.9	38.2	▲2.8	▲6.8	
地方譲与税	2.6	1.8	▲0.9	▲32.8	
地方特例交付金等	0.2	0.3	0.1	58.6	「令和 3 年度　地方交付税・地方特例交付金等概算要求の概要」参照
地方交付税	16.6	16.2	▲0.4	▲2.4	
国庫支出金	15.2	15.5	0.3	1.7	社会保障費の増
地方債	9.3	12.9	3.7	39.5	
うち臨時財政対策債	3.1	6.8	3.7	116.5	
その他	5.9	5.9	0.0	0.0	
計	90.7	90.8	0.0	0.0	
うち「一般財源」	63.4	63.2	▲0.2	▲0.4	注）2 参照
うち（水準超経費除き）「一般財源」	61.8	62.1	0.4	0.6	（交付団体ベース）

（注）1　地方財政対策等に関し、仮試算の過程において見込まれた財源不足の補塡についての考え方等については「令和 3 年度地方交付税の概算要求の概要」のとおりである。
　　　2　「一般財源」は、地方税等、地方特例交付金等、地方交付税及び臨時財政対策債の合計額である。
　　　3　緊急防災・減災事業費等の取扱いについては、予算編成過程で必要な検討を行う。
　　　4　東日本大震災に係る地方の復旧・復興事業等に係る財源の確保については、事項要求とする。
　　　5　表示単位未満四捨五入の関係で、積上げと合計、増減率が一致しない場合がある。

出所：総務省ウェブサイトより作成。

など公共部門拡充の課題に応えるものとなっていません。

　第二波への対応として、自治体は緊急包括支援交付金や地方創生臨時交付金など国の財政措置を活用し、感染拡大に歯止めをかけるとともに、住民の命と雇用・生活を守り、地域の社会経済活動を支えなければなりません。しかし、地方創生臨時交付金を奇貨として緊急に求められる施策ではなく、新型コロナとは関係なく進めたい事業に充てることにならないかという懸念があります。政府の事例集にはスーパーシティ、マイナポイント活用促進など、新型コロナ対策として緊急に行うべき事業であるか疑問のある事業も多いのです。

　地方創生臨時交付金のなかでも、特に「新しい生活様式」枠はいわば何でもありの制度であるため、優先すべき事業に関する自治体の姿勢が問われます。地方創生臨時交付金では新型コロナ感染症対応の非常勤職員を採用するなど人的体制の強化にも使えることから、自治体の責任を果たすための人的体制の強化に活用することはきわめて重要でしょう。

　また、職員体制の整備、強化、医療機関への財政支援、地域経済対策、雇用対策などの課題に対して国の財政措置が不十分な場合に、自治体独自の財源確保が求められます。そのためには、9月以降の補正予算でいかに既存事業を見直し、減額補正することで独自事業の財源を確保できるかが鍵になります。コロナ禍のなかで、これまでの自治体行財政のあり方を見直し、優先すべき必要な事業の積上げと既存事業の見直しを総合的に進めるプロセスの確立が喫緊の課題となります。

　なお、2021年度予算編成にあたって、大幅な税収減の予測をもとに安易に緊縮予算を組むことはコロナ対策に逆行しかねないことに注意が必要です。上で示したような財政措置を国に求めていくことと合わせ、従来の事務事業の優先順位の見直しとともに住民の命と暮らし・営業を守るために必要な予算を優先して組んでいかねばなりません。

＊本章は以下の拙稿をもとに加筆・修正したものです。

平岡和久「新型コロナ対策と自治体財政」『住民と自治』通巻 690 号、2020 年 10 月、7-11 頁。

参考文献

・岡田知弘『地域づくりの経済学入門 ― 地域内再投資力論 ―　増補改訂版』自治体研究社、2020 年。
・唐鎌直義「コロナ対策にみる公衆衛生の現状と弱者切り捨て社会」『経済』2020 年 9 月号、79-90 頁。
・小西砂千夫「新型コロナウイルス対策と自治体の財政運営」『地方財務』2020 年 6 月号、76-96 頁。
・小西砂千夫「新型コロナウイルス対策と自治体の財政運営」『ガバナンス』2020 年 8 月、38-40 頁。
・小西砂千夫「第 2 次補正予算における新型コロナウイルス対策と自治体の財政運営」『地方財務』2020 年 8 月号、2-20 頁。
・徳田安春『新型コロナウィルス対策を診断する』カイ書林、2020 年。
・平岡和久『人口減少と危機のなかの地方行財政』自治体研究社、2020 年。
・宮本憲一『新版　環境経済学』岩波書店、2007 年。

都道府県、政令市、中核市の財政担当課へのアンケート調査から見るコロナ対策と自治体財政の課題

1 アンケート調査の概要

　本アンケートは、都道府県、政令市および中核市の財政担当課に対して、郵送による送付と回収を行ったものです。都道府県アンケート（7月8日〜8月20日）を先行実施し、その後、政令市および中核市のアンケート（7月15日〜8月30日）を実施しました。回収数と回収率は、都道府県33件（回収率70％）、政令市14件（回収率70％）、中核市29件（回収率48％）となっています。

　アンケートにおける項目は、財政状況（基金、基金取崩しなど）、補正予算の状況、新型コロナウイルス感染症対応地方創生交付金、新型コロナウイルス感染症緊急包括支援交付金、地方税の延納、地域経済対策、第二波への対応、地方一般財源総額実質前年度同水準ルールへの評価、政府の財政措置への評価、起債等です（アンケート様式については資料3の巻末資料を参照してください）。

2 各自治体の財政状況と補正予算

1 基金の状況

　都道府県、政令市および中核市の財政の余裕度は基金の状況で把握

図2-1 都道府県における人口千人当たり基金の状況

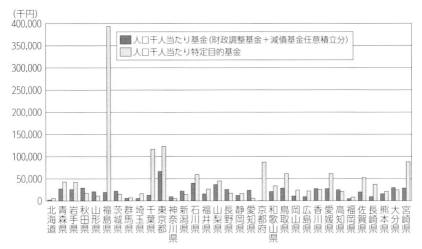

出所：アンケート調査にもとづき筆者作成。

することができます。基金の状況は自治体によってかなり格差がみられます。

　33都道府県における人口千人当たりの財政調整基金＋減債基金（任意積立分）の状況をみると、最も多いのが東京都の6760万9000円であり、最も少ない京都府は9000円、平均で2316万7000円でした。特定目的基金については、平均4216万7000円であり、復興関連の基金が多い福島県を除けば、東京都（1億2441万3000円）、千葉県（1億1735万7000円）が多く、北海道（658万8000円）、愛知県（683万6000円）、神奈川県（702万3000円）が少ない状況にあります（図2-1）。

　政令市では、人口千人当たりの財政調整基金＋減債基金（任意積立分）については平均2124万2000円であり、静岡市（6551万8000円）が最も多く、京都市はゼロ、続いて広島市（329万6000円）が少ない状況です。特定目的基金については、復興関連の基金が多い仙台市を除くと広島市（7209万6000円）が最も多く、横浜市（581万8000

図2-2　政令市における人口千人当たり基金の状況

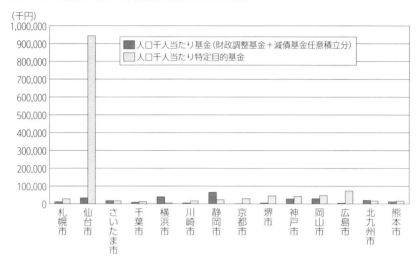

出所：図2-1に同じ。

図2-3　中核市における人口千人当たり基金の状況

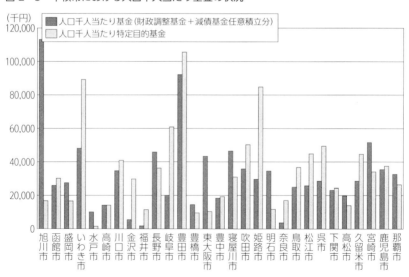

出所：図2-1に同じ。

円）が最も少ない状況です（図2−2）。

　中核市では、人口千人当たりの財政調整基金＋減債基金（任意積立分）については旭川市、豊田市が多く、福井市が最も少ない状況です。特定目的基金については、豊田市、いわき市が多く、水戸市が最も少ない状況です（図2−3）。

　このように、自治体の財政余裕度にはかなりのばらつきがあることから、自治体による新型コロナ対策に対する国の財政措置のあり方が問われることになります。

2　2020年度補正予算における基金取崩しの状況

　新型コロナ対策のため、大半の団体が2020年度補正予算（4月補正〜6月補正）において基金を取り崩しました。なかでも財政調整基金の取崩しは都道府県の88％、政令市・中核市の86％が行っています。続いて特定目的基金の取崩しが多いのですが、都道府県の82％に対して、政令市は36％、中核市は17％にとどまっています。また、市場公募債償還のための基金の取崩しはごく少数にとどまっています（表2−1）。

　都道府県における人口千人当たり基金取崩し額をみると、財政調整基金＋減債基金（任意積立分）については東京都が突出して多い一方、全く取り崩していない団体もあります。特定目的基金取崩しについて

表2−1　2020（令和2）年度補正予算（4月補正〜6月補正）
　　　　において基金を取り崩した団体の割合

	都道府県	政令市	中核市
財政調整基金取崩し	88％	86％	86％
減債基金（任意積立分）取崩し	9％	7％	0％
特定目的基金取崩し	82％	36％	17％
市場公募債償還のための基金取崩し	3％	7％	—

出所：図2−1に同じ。

図2－4　都道府県における人口千人当たり基金取崩しの状況

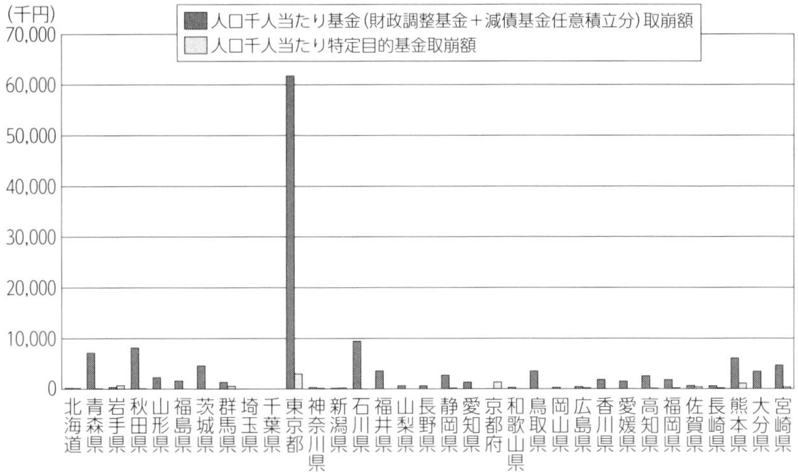
(千円)
70,000
60,000
50,000
40,000
30,000
20,000
10,000
0
人口千人当たり基金(財政調整基金＋減債基金任意積立分)取崩額
人口千人当たり特定目的基金取崩額
北海道 青森県 岩手県 秋田県 山形県 福島県 茨城県 群馬県 埼玉県 千葉県 東京都 神奈川県 新潟県 石川県 福井県 山梨県 長野県 静岡県 愛知県 京都府 和歌山県 鳥取県 岡山県 広島県 香川県 愛媛県 高知県 福岡県 佐賀県 長崎県 熊本県 大分県 宮崎県

出所：図2－1に同じ。

も東京都が最も多い一方、全く取り崩していない団体もある状況です（図2－4）。

政令市における人口千人当たり基金取崩し額をみると、財政調整基金＋減債基金（任意積立分）については静岡市が最も多い一方、全く取り崩していない団体もあります。特定目的基金取崩しについては北九州市が最も多い一方、多くの団体が全く取り崩していない状況です（図2－5）。

中核市における人口千人当たり基金取崩し額をみると、財政調整基金＋減債基金（任意積立分）については寝屋川市、吹田市、豊中市が最も多い一方、全く取り崩していない団体もあります。大阪府内の中核市の基金取崩しが多い理由として、大阪府とともに負担する休業協力金の財源を捻出するためとおもわれます。特定目的基金取崩しについては福井市、岐阜市が多い一方、多くの団体は全く取り崩していない状況です（図2－6）。

図 2－5　政令市における人口千人当たり基金取崩しの状況

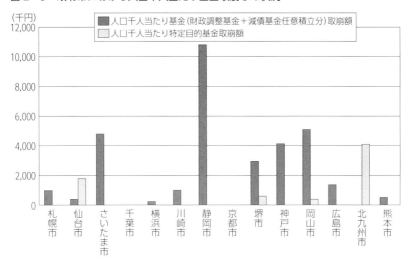

出所：図 2－1 に同じ。

図 2－6　中核市における人口千人当たり基金取崩しの状況

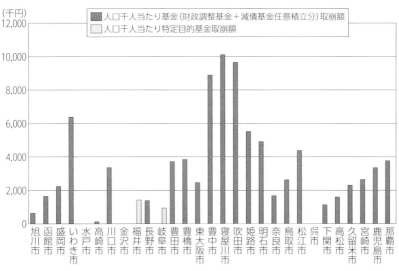

出所：図 2－1 に同じ。

以上のように、自治体の新型コロナ対策は機動的な財源確保が不可欠ですが、自治体の財政余裕度の違いから、機動的な対策に影響があったとおもわれます。

3　2020 年度当初予算の状況

　2020 年度当初予算において「コロナ対応の予算を盛り込んだ」と回答した都道府県は 15% に過ぎず、政令市と中核市は 0% でした。2 月末には新型コロナの感染拡大による影響が顕在化してきた状況ではありましたが、ほとんどの団体が当初予算案の修正にはいたっていませんでした。そのため、2019 年度予算の補正予算での対応や予備費での対応で不十分な点については 2020 年度予算の 4 月補正において対応することになりました。

4　2020 年度補正予算（4 月補正〜6 月補正）におけるコロナ対策に関して、単独事業の予算規模を決めるために意識した点

　「新型コロナ対策の方針に沿った必要事業費」が都道府県、政令市、中核市とも最も多かったのですが、必要事業費を意識するのは当然でしょう。続いて、「地方創生臨時交付金の限度額」が都道府県、政令市、中核市とも多いことが注目されます。前章では都道府県の休業協力金の予算規模が東京都と大阪府を除いて概ね地方創生臨時交付金（一次補正分）の限度額の範囲に収まっていることを示しましたが、本アンケートで都道府県の約 5 割が「地方創生臨時交付金の限度額」をあげていることでも財源として地方創生臨時交付金が最も重視されたことがうかがえます。政令市の 43%、中核市の 62% においても地方創生臨時交付金を単独事業費の財源として最も重視していることがうかがえます。

　「財政調整基金等の基金取崩可能額」は、都道府県、政令市では 21%

表2-2　2020（令和2）年度補正予算（4月補正〜6月補正）の単独事業の
　　　　予算規模を決めるに当たり特に意識した点（複数回答、2つまで）

	都道府県	政 令 市	中 核 市
財政調整基金等の基金取崩可能額	18%	21%	38%
地方創生臨時交付金の限度額	52%	43%	62%
新型コロナ対策の方針に沿った必要事業費	76%	93%	79%
当初予算の組み替え（減額補正）による財源捻出	0%	7%	7%
その他	12%	7%	0%

出所：図2-1に同じ。

程度にとどまりましたが、中核市では38%とやや多い結果となりました（表2-2）。実際には、大半の団体が財政調整基金を取り崩しており、地方創生臨時交付金に続いて基金取崩しが重視されていることがうかがえます。それに対して、「当初予算の組み替え（減額補正）による財源捻出」は都道府県ではゼロであり、政令市・中核市でもわずかでした。

5　2020年度補正予算における国の補助事業の課題、問題点

　都道府県、政令市、中核市とも「特になし」や無回答が多かったのですが、回答のなかでは以下の意見が注目されます。

　都道府県からの意見として、「予算化の段階で国制度の内容が判らないものもあり予算計上方法等に苦慮した」「類似事業であっても、所管によって制度が異なる」「国の交付金や補助事業の制度設計が示されるタイミングが遅いケースが多い」といったものがありましたが、新型コロナ対策は緊急性とともに流動性が高いこともあり、補助制度の設計上の問題が多々あることがうかがえます。補助制度の設計上の問題は政令市や中核市からも指摘されています。政令市からは、「補助上限額の設定があまりに低く、ほぼ単独事業とならざるを得ないものがあった」、「地方に負担が生じないように実施すべきと考えるが、初期整

備のみが補助対象で運用上必要な経費が補助対象外になるなど地方負担が生じている事業がある」といった意見がありました。中核市からは、「同様の補助対象であっても、省庁によって全額補助のものやそうでないものが混在しており、その切り分けの基準が明確でない」といった意見がありました。

　また、都道府県からの意見のなかには、新型コロナ対策と補助制度のあり方に関わる以下のような意見がありました。

　「中小事業者等の資金繰りを支援するため、国の要請に基づき、全国一律で創設された制度融資に係る貸与4年目以降の利子引き下げ分については、全額、地方の負担とされていることから、経済産業省において、国庫補助事業を創設されたい」との意見は、新型コロナ禍による経済悪化の影響が長期化するであろうことを踏まえての意見でしょう。「休業協力金については、臨時交付金を活用して各自治体が独自に行っているが、今後、国による財源措置も含め、制度化していただきたい」との意見は、新型コロナ感染の第二波、第三波が予想されるなかで、休業要請に関わる協力金を都道府県任せにするのではなく、国が制度化し、財源措置を講じる必要があるという点で検討に値する意見です。

6　2020年度補正予算（4月補正〜6月補正）における減額補正の状況および今後の補正予算における減額補正の考え方

　2020年度補正予算（4月補正〜6月補正）において減額補正を行ったのは、都道府県で9団体、政令市で6団体、中核市で14団体であった。

　減額補正額の大きい団体は、都道府県では神奈川県、福岡県、静岡県の順であり、各団体とも東京オリンピック・パラリンピック等のイベント関係がメインであり、その他に国際交流事業の中心分などが反

映されています。神奈川県などでは特別職給与等や議員手当等の減額を計上しています。

　政令市での減額補正は横浜市、北九州市、仙台市の順、中核市では水戸市、高崎市、久留米市、金沢市、函館市、岐阜市の順でした。政令市・中核市においても東京オリンピック・パラリンピック等のイベント関係がメインであり、その他に国際交流事業などの中止、特別職給与等や議員手当等による減額が計上されています。

　そのなかで、水戸市が市民会館整備事業費を減額したり、高崎市がスポーツ関係施設整備や改修経費を減額補正したことが注目されます。

　今後の補正予算における減額補正の考え方については、多くの都道府県、政令市、中核市で財源確保のため、今後の補正予算において減額補正を検討するとしています。

7　新型コロナウイルス感染症対応地方創生臨時交付金の課題

　地方創生臨時交付金の課題としては、「『新しい生活様式』を踏まえた地域経済の活性化に資する施策は、今年度のみならず来年度以降も実施することが想定される。そのため、交付金を拡充の上、後年度に交付金を使えるよう基金積立を例外なく認めてもらう必要がある」といった意見など、基金造成などの年度間流用や柔軟運用に関する要望が多くみられました。また、増額や制度継続に関する意見・要望もありました。

　交付金の配分方式に関して、東京都からは、「東京は、全国で累計感染者数が最も多く、直近の感染者数が再び増加に転じるなど、感染症対策に係る財政需要が大きいことから、今後の財政支援にあたっては、財政力による調整を行わず、実情を踏まえたものとして欲しい」という強い要望が出されています。

　また、政令市からも交付金の配分方式に関する意見として、「人口が

表2-3　地方創生臨時交付金（第一次実施計画）の区分ごとの事業数の割合

	都道府県	政令市	中核市
感染拡大防止と医療提供体制の整備等	40%	41%	39%
雇用の維持と事業の継続	27%	35%	48%
次の段階としての官民を挙げた経済活動の回復	20%	21%	8%
強靱な経済構想の構築	13%	3%	6%
計	100%	100%	100%

出所：図2-1に同じ。

多く感染リスクが高いこと、他市町村の患者も受け入れる中枢的医療機関があること、飲食店等の集中する指定都市であること等を踏まえると配分割合が低い」、「交付金の配分については、地方自治体の財政力に関わらず必要な額を措置するべき」、「交付額の積算について不明確な点がある。都市部に対しては手厚い交付が必要」といった意見がありました。

　地方創生臨時交付金の第一次実施計画の区分ごとの事業数をみると、都道府県、政令市では「感染拡大防止と医療提供体制の整備等」が最も多いのに対して、中核市では「雇用の維持と事業の継続」が最も多くなっています（表2-3）。

　地方創生臨時交付金の第一次実施計画の区分ごとの交付金申請額をみると、都道府県、政令市では「雇用の維持と事業の継続」が最も多く、中核市では「強靱な経済構想の構築」が最も多くなっています。中核市における「強靱な経済構想の構築」が多いのは特定の中核市の交付申請額の大きさが影響しており、その要素を除けば「雇用の維持と事業の継続」が最も多い状況です（表2-4）。

8　新型コロナウイルス感染症緊急包括支援交付金

　緊急包括支援交付金については、都道府県からは、「対象となる事業の限定や上限額の設定がされているが、医療提供体制の整備にあたっ

表2-4 地方創生臨時交付金（第一次実施計画）の区分ごとの交付金申請額
の割合

	都道府県	政 令 市	中 核 市
感染拡大防止と医療提供体制の整備等	19%	19%	6%
雇用の維持と事業の継続	67%	55%	44%
次の段階としての官民を挙げた経済活動の回復	10%	26%	3%
強靱な経済構想の構築	4%	0%	47%
計	100%	100%	100%

出所：図2-1に同じ。

て地域が抱える事情は一律ではないことから、幅広く対象を認め、上限額の設定は外すべきではないか」、「地域医療を確保していくためには、感染患者を受け入れた医療機関への謝礼金の支給や、患者数の減少等に伴い経営に打撃を受けている医療機関に対する経営支援など、地方自治体が地域の実情に即した支援を行う必要があることから、新型コロナウイルス感染症緊急包括支援交付金の対象を大幅に拡充し、使い勝手の良い制度とすること」といった意見など、柔軟な活用や対象の拡大の必要性、ならびに交付金の予算規模に関して意見・要望がありました。また、執行上の事務負担の多さに対する意見もありました。

　一方、緊急包括支援交付金は都道府県が申請する制度ですが、その点は政令市や中核市からみた課題があります。政令市からは、「コロナ包括支援交付金を活用できる対象経費が限定的かつ都道府県のみへの交付であるため、指定都市の裁量で活用できないことが課題である」との意見がありました。また、中核市からは、「新型コロナウイルス感染症緊急包括支援交付金については、都道府県が交付対象であり、実施計画等は都道府県が作成して国に提出することになっているが、一部の事業の実施主体は保健所設置市等も含まれている。県から通知等がなかったことにより、交付金を受け取れない事業が発生しており、保健所設置市等については、各々で実施計画を作成できるようにする

など、申請手続きに課題がある」といった意見がありました。

9　新型コロナ対応による 2020 年度の地方税の延納・徴収猶予の影響について

　新型コロナ対応による 2020 年度の地方税の延納・徴収猶予の影響については、5 月末実績について回答を得ましたが、自治体によってかなりばらつきがあります。5 月末時点ではまだ徴収猶予の手続きが十分に行われていない自治体もあるとおもわれます。鳥取県は年間推計額を出していますが、それをみると、法人二税で 17.1 億円、県民税で 24 億円、その他の税で 40.8 億円、合計で 81.9 億円の影響があるとしています。その影響額は 2019 年度決算における県税収入 544.5 億円の 15% に及ぶことになります。税の徴収猶予による税収減に対しては徴収猶予債の発行が認められますが、コロナの影響が長期化することが予想されるなかで償還期限が 1 年間では不十分です。

10　今後の地域経済対策について

　今後の地域経済対策については、本アンケートを回答する時期を反映して、「未定」や「検討中」がほとんどであり、9 月議会以降に補正予算案が提出される段階で明らかになるものとおもわれます。

　具体的な地域経済対策を回答したものとして、「県内経済を段階的に引き上げるための需要喚起事業等」「地域公共交通の維持・存続に向けた支援措置等」、「地方創生臨時交付金（第二次分）の使途として、感染症と災害の複合的な事象から市民を守る『防災対策』、新しい生活様式を踏まえた『デジタル化』、環境と調和した経済復興を目指す『環境・脱炭素』、引き続き取り組む『感染症対策』等の事業を検討している」、「伝統工芸産業販路拡大等支援事業等」、「感染症の拡大により影響を受ける市内中小企業者の経営安定化を図るため、県が実施する経

営安定資金の保証料補給に併せ、3年間、利子の全額補給を行っているが、令和3年度以降の利子補給の財源として基金に積み立てることを検討中」、「指定管理施設への指定管理料補填」といったものがありました。

11　秋・冬の第二波への対応

　秋・冬の第二波に対応した職員拡充については、「なし」あるいは「現時点では予定なし」とともに「未定」との回答が多くみられました。自治体の多くは職員の増員を行わず、現員体制のなかで、応援体制を組む場合が多いとみられます。

　一方、すでに会計年度任用職員の採用を行ったり、相談業務に保健師の増員を図っている自治体もありました。

　また、今後も職員拡充を行う自治体もあります。「保健師を臨時的に採用するなど、保健所の業務体制の強化を図る（新型コロナウイルス感染症対応地方創生臨時交付金活用）。このほか、今後の感染拡大の状況に応じて、年度途中においても職員を増員するなど、柔軟に対応する」、「非常勤職員については、必要に応じて任用していく。その際の財源としては、新型コロナウイルス感染症対応地方創生臨時交付金を充当することを想定している」といった回答にみられるように、正規職員の増員には経常的な財源が必要となるため、職員の増員を図る場合には臨時的な採用が行われていくものとおもわれます。

　第二波への対応として、医療機関等への財政支援についても、「未定」や「検討中」との回答が大半でした。6月補正予算において講じた措置について回答した自治体もありました。具体的な財政支援の例としては、「国の補正予算において措置された各種補助事業のほか、県独自の取組として、新型コロナウイルス感染症入院患者1名につき、30万円を入院医療機関に協力金として支給する」、「県立病院等における

新型コロナの対応で生じた減収への支援（財政調整基金取崩しにより対応）」、「医療機関における発熱患者受入促進及び簡易病室等の設備整備の補助を実施。（財源は新型コロナウイルス感染症対応地方創生臨時交付金）」、「市として発熱外来を設置、ドライブスルー検査体制を整備する他、市立病院への空床補償等を検討している」、「人間ドック等の減少により経営状況が悪化した公設民営の医療機関に対して、運営費を負担」といったものがありました。

　一方、「まずは国の施策として制度や基準等を整備し、実施すべきものであり、県としては医療機関等の厳しい経営状況を国に伝え、必要な経営支援策を要望していく」といった回答や、中核市からは「市町村単位での支援では、財源に限界があると感じており、都道府県による財政支援が望ましい」、「基本的には都道府県が行うものだが、状況を注視しながら支援策を検討していく」といった回答もありました。

　医療機関の経営悪化に対する対策としては、国の補助事業の活用のほか、独自の財政支援策を講じる自治体もありますが、財源が限られていることから、それには限界があることがうかがえます。

12　地方一般財源総額実質前年度同水準ルールについて

　政府の地方一般財源総額に関する実質前年度同水準ルールを評価する意見がみられますが、手放しで評価する意見は少なく、国への注文をつける意見が多くみられました。

　地方一般財源総額の確保に対する国への注文をつける都道府県や政令市からの代表的な意見としては、「近年、国の予算総額は社会保障関係費の増などにより増加傾向にあるが、一方、地方財政計画の歳出総額は過去のピーク時からほとんど増加しておらず、地方は増加する社会保障関係費の財源を給与関係経費や投資的経費の削減により捻出している状況にある。さらに、令和３年度においては、地方の実情に沿

った新型コロナウイルス感染症対策等に取り組む必要も想定されることから、地方財政計画に地方の財政需要を的確に積み上げ、地方一般財源総額を確保するだけでなく、充実させる必要がある」、「地方自治体の財政の予見性を担保する意味において、これまでの対応として一定の評価をしたい。コロナ禍においては、地方一般財源の拡充が必要であると考える」、といったものがありました。

　また、地方税の減収のなかで地方一般財源総額の確保への注文として以下の意見がありました。「新型コロナウイルス感染症の影響による地方の税財源の減少も懸念される中で、様々な行政サービスを十分担えるよう、安定的な財政運営に必要な地方一般財源総額を確実に確保・充実すべき」。

　さらに、現行制度では地方消費税が減収補てん債の対象税目となっていないことから、「少なくとも、新型コロナウイルス感染症による景気への影響が生じている間は、地方消費税を減収補填債の対象に追加していただきたい」という要望がありました。

　一方、中核市の回答をみると、自治体によって温度差がみられ、「現時点では大きな影響はないものと考えている」といった意見がある一方、「交付税の合併算定替により減額されることに加え、令和2年度で幼保無償化の一般財源部分が交付税措置となったが、結果、一般財源不足が生じた配分となったことで、非常に苦しい状況となっている」、「社会保障関係費や市有施設の老朽化対策経費が上昇している中で、公債費についても本市では下げ止まり上昇に転じてきているため、実質前年度同水準では苦しいのが現状である」といった回答がみられました。

13　政府のコロナ対応の財政措置について

　政府のコロナ対応の財政措置を聞く設問に対して、都道府県につい

表 2-5　政府のコロナ対応の財政措置に
　　　　ついての評価

	都道府県	政令市	中核市
十分	3%	0%	3%
まあまあ十分	55%	29%	52%
やや不十分	18%	50%	24%
きわめて不十分	3%	0%	10%
無回答、その他	21%	21%	10%

出所：図2-1に同じ。

ては、「十分」は3%、「まあまあ十分」が55%、「やや不十分」が18%、「きわめて不十分」が3%、「無回答・その他」が21%でした。政令市については、「十分」は0%、「まあまあ十分」が29%、「やや不十分」が50%、「きわめて不十分」が0%、「無回答」が21%でした。中核市については、「十分」は3%「まあまあ十分」が52%、「やや不十分」が24%、「きわめて不十分」が10%、「無回答」が10%でした（表2-5）。都道府県と中核市では「まあまあ十分」という評価が過半数であったのに対して、政令市では「やや不十分」が5割となっていることが注目されます。

　政府のコロナ対応の財政措置に関する考え方を問うたところ、「現在、国と交付申請などの手続きを調整している最中であり、評価できる段階にない」といった回答もありましたが、具体的な意見も多数寄せられました。

　都道府県からは、「新型コロナウイルス感染症対応地方創生臨時交付金について、全国知事会の「飛躍的増額」の提言を受け、国の第一次、第二次合わせて3兆円とされ、財政状況が厳しい地方に対しても配慮された配分とされたこと、また、当初国負担が2分の1とされていた新型コロナウイルス感染症緊急包括支援交付金について、国10分の10負担となったことは評価できる」、「国の二次補正により、配分額の増額が実施されたため、現状は充足」といった評価がみられる一方、「今後の感染拡大等が見通せない中において，さらなる財政措置が必要となる可能性がある」とする意見もありました。

　また、医療機関の経営支援に関して、「医療機関に対する支援は喫緊

の課題である。新型コロナウイルス患者を受け入れているか否かにかかわらず、医療機関の経営は大変厳しいと聞いている。国において速やかに医療機関への支援に対応いただけるよう、予備費の充当を含む交付金の増額や、福祉医療機構による無利子・無担保貸付額の拡充を強く要請したい」といった要望がありました。

14　起債について

　新型コロナ禍を災害対策基本法等の対象とすることについては、一部の野党や弁護士グループによる提案がありましたが、政府の見解としては、災害対策基本法等の対象に新型コロナウイルス感染症を含める解釈はできないというものであり、法改正が必要な事案です。また、地方財政法第５条四項には地方債をもってその財源とすることができる事項として「災害応急事業費、災害復旧事業費及び災害救助事業費の財源とする場合」が規定されています。したがって、新型コロナ禍への対策がこの事項に適用されるならば地方財政法５条債（以下、５条債）を発行することが可能となります。

　新型コロナ禍を災害対策基本法等の対象とする５条債を発行することについては、現行制度では実施できないことから、「特になし」という回答や「現時点では具体的な国の動きがないため、回答しかねる」という回答がありました。また、「今後、国等の動向を注視していく」との回答もありました。

　都道府県や政令市の回答のなかには、国の制度改正があれば、活用を検討することもありえるとする回答もありましたが、多くの回答は５条債の発行には否定的でした。

　一方、中核市の回答では５条債の起債対象とすることが必要とする意見や、検討もありえるとする意見も多くみられ、否定的意見と拮抗した結果になりました。

都道府県名	財政調整基金R元年度現在高	R2年度補正予算財政調整基金取崩額	減債基金（任意分）R元年度現在高	R2年度補正予算減債基金（任意分）取崩額	特定目的基金R元年度現在高	R2年度補正予算特定目的基金取崩額
北海道	9,785	1,537	6,838	0	34,826	1,086
青森県	16,210	9,213	18,737	0	56,217	239
岩手県	18,329	578	14,790	0	53,892	938
秋田県	10,687	8,128	19,105	0	18,732	0
山形県	9,827	2,626	13,801	0	13,579	91
福島県	13,617	3,210	24,829	0	732,666	281
茨城県	21,133	13,303	47,236	0	47,149	324
群馬県	13,946	2,793	2	0	15,974	1,245
埼玉県	12,262	0	32,976	0	129,227	0
千葉県	50,588	0	36,127	0	734,068	359
東京都	934,494	854,038	＊	0	1,719,634	42,971
神奈川県	61,633	3,073	30,460	0	64,447	1,779
新潟県	38,074	418	14,875	0	35,312	714
石川県	11,836	10,880	35,603	0	68,639	130
福井県	10,111	2,806	3,060	0	21,671	60
山梨県	17,220	590	13,841	0	37,677	0
長野県	32,102	1,475	23,829	0	37,982	133
静岡県	8,923	2,249	40,882	7,858	62,303	885
愛知県	95,376	10,674	88,425	0	51,522	840
京都府	21	0	0	0	229,756	3,835
和歌山県	3,107	312	17,770	0	32,475	0
鳥取県	4,003	2,000	12,936	0	35,032	0
岡山県	12,771	729	10,373	0	47,256	0
広島県	11,166	1,587	19,176	0	67,171	768
香川県	12,269	1,747	15,302	0	25,698	66
愛媛県	20,498	2,259	17,990	0	84,693	169
高知県	6,245	1,823	11,815	0	15,686	129
福岡県	8,445	1,900	22,055	7,590	47,187	1,118
佐賀県	17,020	600	917	0	43,799	422
長崎県	7,518	980	6,886	0	51,317	367
熊本県	1,762	0	29,057	10,753	39,074	2,150
大分県	10,232	4,037	24,834	0	29,357	78
宮崎県	12	5,109	32,261	0	95,982	427
合計	1,501,223	950,673	686,785	26,202	4,632,500	61,604

＊東京都の減債基金については、市場公募債償還のための基金とそれ以外の基金を区別していない。本表で
＊秋田県の特定目的基金は平成30年度決算の数値
＊R＝令和を指す。なお、R元年度は2019年度、R2年度は2020年度。
出所：アンケート調査にもとづき筆者作成。

正、交付金の状況（33 都道府県）

市場公募債償還基金R元年度現在高	R２年度補正予算における市場公募債償還基金取崩額	休業要請に係る協力金の事業費	財源確保のために減額補正した経費	緊急包括支援交付金（医療分）の交付決定額（二次補正分）	地方創生臨時交付金・単独事業（一次配分）交付限度額	地方創生臨時交付金・単独事業（二次配分）交付限度額
139,506	0	12,440	0	82,520	18,601	44,872
0	0	2,435	0	14,720	6,048	13,176
0	0	100	22	17,710	5,893	13,099
3,300	0	2,299	0	12,570	5,734	12,584
0	0	1,111	0	14,240	5,574	12,745
106,740	0	3,024	77	27,180	5,996	13,795
58,924	0	4,500	0	25,050	7,986	18,414
60,267	0	3,835	0	31,490	5,343	12,765
829,774	0	17,202	0	97,790	15,724	39,774
559,071	0	17,000	0	81,370	13,546	33,440
1,553,793*	0	189,000	0	146,500	10,348	46,891
721,789	0	25,000	2,145	167,990	15,432	40,730
186,564	0	1,900	0	27,490	7,603	17,400
4	0	5,000	0	21,130	5,129	12,936
57,711	0	1,700	23	11,800	4,662	11,731
30,334	0	0	0	13,930	4,609	10,605
216,447	0	4,507	0	26,100	6,674	15,828
526,069	0	7,960	1,334	29,360	8,247	20,456
749,667	0	18,443	0	84,400	12,390	33,587
208,306	2,373	3,800	0	43,770	7,978	19,283
0	0	0	0	16,150	5,419	12,355
0	0	0	0	8,540	4,671	10,757
53,386	0	0	0	27,420	6,099	13,868
269,458	0	9,300	362	26,250	7,474	17,790
0	0	1,003	0	16,520	4,591	10,702
0	0	0	0	18,010	5,703	12,918
19,369	0	1,500	344	14,260	5,349	11,797
455,417	0	0	1,747	50,710	13,566	33,735
3,529	0	1,035	0	10,000	4,905	11,443
13,025	0	2,664	0	17,320	6,230	14,066
85,800	0	600	0	23,970	6,585	14,737
44,055	0	0	164	19,520	5,485	12,496
333	0	350	0	14,450	5,567	12,971
6,952,637	2,373	337,707	6,218	1,240,230	255,161	633,746

は減債基金全体額を「市場公募債償還基金R元年度現在高」の欄に計上した

参考資料 2－2　政令市における基金・基金取崩しの状況ならびに減額補正、地方創生臨

政令市名	財政調整基金R元年度現在高	R2年度補正予算財政調整基金取崩額	減債基金（任意分）R元年度現在高	R2年度補正予算減債基金（任意分）取崩額	特定目的基金R元年度現在高
札幌市	20,191	2,000	966	0	52,971
仙台市	26,568	453	7,652	0	1,002,190
さいたま市	22,748	6,275	1,369	0	23,594
千葉市	8,929	16	0	0	12,573
横浜市	7,965	1,000	141,795	0	21,791
川崎市	6,384	1,555	1,125	0	23,206
静岡市	8,599	7,596	37,420	0	16,353
京都市	0	0	0	0	41,291
堺市	2,500	312	2,377	2,174	38,632
神戸市	11,538	6,382	32,051	0	64,160
岡山市	19,404	3,618	1,427	0	33,668
広島市	3,943	1,681	0	0	86,237
北九州市	8,123	0	12,107	0	16,474
熊本市	4,096	400	6,306	0	12,490
合計	150,988	31,287	244,593	2,174	1,445,630

出所：参考資料2－1に同じ。

時交付金限度額の状況

R 2 年度補正予算特定目的基金取崩額	市場公募債償還基金R元年度現在高	R 2 年度補正予算における市場公募債償還基金取崩額	財源確保のために減額補正した経費	地方創生臨時交付金・単独事業（第一次分）の交付限度額	地方創生臨時交付金・単独事業（第二次分）の交付限度額
0	241,693	0	0	4,553	14,225
1,924	106,602	0	869	1,824	5,885
0	17,604	0	0	1,981	6,674
0	108,163	0	0	1,724	5,455
0	141,795	0	1,322	5,641	18,973
10	222,938	2,800	0	2,090	6,792
0	37,420	0	130	1,293	4,396
0	162,675	0	30	3,160	10,883
537	37,279	0	0	1,860	5,697
0	265,563	0	0	3,334	10,634
300	20,367	0	0	1,551	4,828
0	0	0	277	2,288	7,360
3,939	157,452	0	1,032	2,431	8,069
0	3,700	0	0	1,809	4,865
6,709	1,523,251	2,800	3,660	35,539	114,736

参考資料2-3　中核市における基金・基金取崩しの状況ならびに減額補正、地方創生臨

中核市名	財政調整基金R元年度現在高	R2年度補正予算財政調整基金取崩額	減債基金(任意分)R元年度現在高	R2年度補正予算減債基金(任意分)取崩額
旭川市	37,716	225	472	0
盛岡市	5,671	434	1,136	0
函館市	7,727	659	306	0
いわき市	7,690	2,077	8,020	0
水戸市	2,702	0	151	0
高崎市	4,410	68	1,049	0
川口市	15,931	2,048	5,194	0
金沢市	2,592	0	104	0
福井市	334	0	203	0
長野市	13,408	538	4,073	0
岐阜市	8,287	0	0	0
豊田市	37,100	1,593	2,155	0
豊橋市	5,261	1,461	355	0
東大阪市	17,105	1,226	4,371	0
豊中市	6,035	3,619	1,552	0
寝屋川市	10,141	2,358	792	0
吹田市	13,382	3,586	0	0
姫路市	14,315	2,979	1,728	0
明石市	9,053	1,495	1,502	0
奈良市	1,433	609	15	0
鳥取市	3,759	500	1,017	0
松江市	4,377	896	889	0
呉市	5,937	1	527	0
下関市	6,178	314	6	0
高松市	7,943	700	600	0
久留米市	7,004	715	1,856	0
宮崎市	13,090	1,079	7,843	0
鹿児島市	8,726	2,035	12,816	0
那覇市	5,331	1,224	5,321	0
合計	282,637	32,438	64,047	0

出所：参考資料2-1に同じ。

時交付金限度額の状況

（単位：100万円）

特定目的基金R元年度現在高	R2年度補正予算特定目的基金取崩額	財源確保のために減額補正した経費	地方創生臨時交付金・単独事業（第一次分）の交付限度額	地方創生臨時交付金・単独事業（第二次分）の交付限度額
5,762	0	117	1,228	3,941
7,872	0	128	1,055	3,428
4,944	0	0	777	2,364
28,989	3	53	833	2,569
486	0	1,076	603	1,993
5,431	0	218	809	2,571
24,852	0	0	1,028	3,380
13,603	0	138	997	3,773
3,125	383	0	635	2,400
13,781	0	0	973	3,092
25,038	395	113	909	2,887
44,967	0	0	404	1,240
3,696	0	0	671	2,122
5,259	0	42	1,268	4,072
7,919	4	0	811	n.a.
7,290	0	0	758	1,976
18,755	0	0	626	2,068
45,672	10	0	1,101	3,875
3,615	0	25	774	2,114
6,168	0	0	894	2,544
6,951	0	10	704	2,116
9,153	0	59	697	2,058
11,188	0	33	739	2,179
6,481	0	0	914	2,713
6,103	0	0	947	3,074
13,758	0	147	945	n.a.
13,822	0	16	1,114	1,946
22,817	0	0	1,448	n.a.
8,628	0	0	721	2,351
376,121	795	2,174	25,383	68,847

3

自治体財政運営の課題

1　今後 10 年以上にわたる地方財政の混乱

　コロナ禍による地方財政への影響については、少なくとも 10 年近くははっきりとしない状態が続きます。例えば 2008 年に発生したリーマンショック後の地方財政をみれば、2009 年度から 2017 年度までの期間に、国はリーマンショック対策として地方交付税の「歳出特別枠」を毎年度 1 兆 5000 億円もの規模で講じ、地方財源を底上げしてきました。しかも、「歳出特別枠」が段階的に減らされはじめる 2015 年度からは、それに代わって「まち・ひと・しごと創生事業費」として毎年度 1 兆円の加算措置がとられてきており、現在にいたっています*1。このことは、リーマンショックの地方財政への影響が事実上 10 年以上にわたって続いてきていることを示しています。

　今回のコロナ禍による地方財政へのマイナス影響は、リーマンショック以上の大きさになると想定されます。それは次のような理由によります。

　第一に、世界の経済成長率が落ちてきている中で、将来見通しの立ちにくい財政支出が望みにくくなってきています。リーマンショック

1　地方財政を危機対応から平時モードへと切り替えていくことが明示されたのは、2014 年度の「骨太の方針」においてです。

後の世界経済は、中国の大規模な景気対策（約4兆元＝約60兆円）によって回復したといわれています。そして現在のコロナ危機に対して、中国は約8兆元（約120兆円）の財政支出をするとしています。しかし、中国の経済成長率の推移をみれば、2008年前後は概ね10％でしたが2015年度からは6％台で推移しており、今後も下がることが確実です。そのため、将来の財政赤字の償還を担保する経済成長が見込みにくくなっており、より自国の企業や国民を重視した財政支出へとシフトするでしょう。さらに先進国では財政悪化が深刻となることから、微妙な財政出動が強いられていくことになります。これらは日本経済そして税収の回復見込みという点において、リーマンショック時よりも厳しい状況になる可能性が高いことを示しています。

　第二に、国による地方交付税の削減圧力がはるかに大きくなっています。例えば、財務省は国が講じてきた「歳出特別枠」や「まち・ひと・しごと創生事業費」などによる地方単独事業の財源を「枠計上経費」として、地方財政削減の最大のターゲットにしてきています。財務省からすれば、自治体が地域の実情や住民のニーズを踏まえて行う単独事業は、ひっ迫する財政全体を考えたときには必要性の根拠が希薄なものであるとみなされています。そして、これから日本財政が一気に危機的状況に陥ることは間違いなく、短期的な財政措置は別として、中長期においては地方財政への削減圧力はかつてないほど強くなるのは確実です。

　第三に、平時の地方財政運営そのものがリーマンショック時よりもはるかに苦しくなっています。リーマンショック時から現在までの地方財政の歳出の推移をみれば、社会保障関係費が増加する一方で、投資的経費や給与関係経費を削減・抑制することでカバーしてきました。しかし現在は、老朽化による公共施設やインフラの更新事業や人件費の増加（職員数の確保や職員待遇の改善（会計年度任用職員の導入な

ど）)によって、これまで抑えてきた歳出分野においても財政支出が増えていかざるをえません。このようなベースとなる財政運営にコロナ禍による財政支出が加わることから、地方財政の歳出増加の趨勢は一気に高まることになります。

これらのことを踏まえると、自治体は今後長期間にわたって不安定な財政運営が強いられることを覚悟しなければなりません。では、それに対してどのような財政運営を進めていくのでしょうか。これについては、短期と中長期に分けてみていくことが必要です。

2　短期的な財政運営

すでに第一章やアンケート結果からみてもわかるように、コロナ禍のような緊急事態における自治体の財政運営には方程式ともいえる対応があります。これは当面の短期的な財政運営方策として頭に入れておく必要があります。コロナ禍を事例に、それらをあらためてまとめると次のようになります。

1　歳入面

ここでは国による補正予算措置などがない状況を想定し、自治体が自前で取り得る対応についてみていきます。

第一に、コロナ禍への緊急支出に対応できる基金の取り崩しです。この場合の基金としては、まず財政調整基金があげられます。財政調整基金の最大の特徴は、その使途が自由であることです。そのため、財政調整基金の取崩しによって生み出された財源は、コロナ禍によって必要となった事務事業に対しては原則として何にでも充当することができます。その次に考えるべきなのは、減債基金の取り崩しです。ただし、減債基金は将来の起債償還を目的として積み立てられているも

のであり、それを財政支出のために再び一般会計の歳入の一部として戻すということは正常な財政運営とはいえません。そのため、減債基金の中でも任意に積み立てられたものであったり、国の償還ルールよりも早いスピードで積み立てた部分であったりといったものから充当していくことが、健全な財政運営という点からは必要です。具体的な運用としては、当該年度の公債費支出へ減債基金の取り崩し分を充当するかたちをとり、元々公債費に充てられる予定であった一般財源をコロナ対策へ回すというやり方が考えられます。最後は特定目的基金の取り崩しです。これらは明確に使途が限定されていますが、不要不急のものについては条例改正によって取り崩し、それをコロナ禍への対策に充てることができます。

第二に、当該年度の予算を見直し、不要不急の歳出項目がないかどうかを精査することで、コロナ禍に対応するための財源を減額補正予算によって捻出することです。減額補正は通常でも行われるものであり、これによって予算の組み替えを行います。アンケートにもみられたように、コロナ禍ではすでに中止が決まったイベントなどは真っ先に減額補正すべき歳出項目です。さらには、先延ばし可能な非経常的な支出についても、喫緊に必要なコロナ禍への対策に充てる財源として、減額補正の対象として検討していかなければなりません。急を要さない建設事業や設備購入などはその典型的な分野です。

第三に、減収補てん債による地方税の減少に対応した財源確保です。減収補てん債は地方税の収入額が標準的な収入額を下回る場合に、その減収分を補うために発行するものです。これは税の代替財源として措置されるため、それによって得られた財源の使途については一般財源として建設事業以外にも認められます。減収補てん債に対する後年度の地方交付税措置の割合は4分の3にとどまりますが、コロナ禍における歳入確保の手段としては積極的に活用されるべきです。

2 歳出面

　コロナ禍においてどのような財政支出が必要かは自治体によって大きく濃淡があります。基幹産業が観光業である自治体では、そこへの支援が多くの住民の暮らしを守ることにつながります。生活困窮者が多い自治体にとっては、生活保護による対応を含めた困窮者支援策への膨大な財政支出を考えなければなりません。

　このことを前提としつつ、歳出における原則をまとめると「救済」と「予防」の二つに集約されます。

　第一に、コロナ禍によって困窮に陥った住民や事業者への「救済」への支出です。自治体によって状況は異なりますが、原則的には一律給付ではなく、困窮する者が正常な暮らしを送ることができるようにするための限定的・格差的給付を行うべきです。「住民一般」のような具体的実体は存在しない一方で、自治体の最重要課題は個々人の基本的人権の保障を具体的に遂行する点にあるからです。また、事業者への支援については、事業分野ごとの公平性に十分な配慮を行わなければなりません。例えば、基幹産業である観光業に対しては休業措置への給付をとるとしましょう。観光業は裾野が広い産業であるため、その給付範囲が宿泊施設に限定されれば、観光との経済的関連性が強い交通や土産物屋などが不公平を訴えるのは当然です。観光業のつながりが希薄な飲食店などへの具体的配慮も求められます。財政運営の最高規範は「公平性」にあるため、このような形での差別的給付には慎重な対応が必要です。

　第二に、感染を拡大させないための「予防」へ向けた支出です。これは第一の支出と並行して進める必要があります。困窮者支援を実施する一方で、その対象者がどんどん増えてくる状況は、財政運営としてはきわめて非効率だからです。コロナ禍においては、PCR検査や抗体検査などを積極的に活用し、感染集積地（エピセンター）の全員検

査や病院・福祉施設・教育施設・その他のエッセンシャルワーカーの全員検査などの「社会的検査」を通常検査に加えて実施し、感染拡大を止めていくことが求められます。もちろん、それによって判明した陽性者の隔離・治療のための資源の確保も必要ですが、それが十分に措置できないからという理由で検査を抑制することは、感染拡大の抑止という点からはマイナスにしか働きません。陽性者への対応は国や都道府県、さらには近隣自治体や公民連携によって、時期や地域にあったかたちで検査とは別の論理で進められるべきです。

3　中長期的な財政運営

　中長期的な財政運営についても、歳入と歳出に分けてみていくことが便宜的です。

1　歳入面

　歳入については毎年度厳しい財政運営が強いられる中で、自治体は絶えず不要不急の財政支出を思い切って見直していき、また決算剰余金（黒字）が出た際には次の緊急時に備えて計画的な基金積み立てを進めていく以外には、とるべき手段がほとんど残されていません。それによって、住民の福祉水準を下げることなく、持続的な財政運営が確実に行えるような取り組みを絶えず意識して行政を進めていかなければなりません。つまり、自治体としての財政運用能力が大きく求められる局面が続いていくことになります。

　また、国は財政計画の発出や毎年度の地方財政対策などを通じて、中長期にわたって自治体に対して求める財政方針を提示してきています。それらをみれば、今後どのような分野において国の財政措置が重点的にとられていくかをつかむことができます。これらの分野の中で

自治体が必要とするものについては、国が講じる財政措置を積極的に活用することによって、財源確保を進めていくことが賢明な財政運営のあり方だといってよいでしょう。

2 歳出面

　歳出については次の二つが重要な分野となります。これらは国による財源措置と連動しなければなりませんが、自治体が取り組んでいくべき方向性として示したいとおもいます。

　第一に、コロナ禍のような災害に対応するための自治体の職員体制の強化です。感染症拡大を含む自然災害が多発する時代に入っている中、危急時に住民の生命や財産を守る上で何よりも必要なのは自治体のマンパワーです。「自治体戦略2040構想」などで提起されている自治体職員数の半減などは論外です。さらに、これから続いていく厳しい行財政運営に対応するため、一人一人の職員の能力向上を図っていく必要があります。そのためには、目先の仕事をこなすだけで全く余裕のないような現在の人員体制ではなく、研修や視察を通じた公務労働者としてのスキルアップを高めていかなければなりません。これらのためには、人件費を含めて関連予算の拡充が不可欠であり、自治体にはそのような財政運営の方向性を念頭においた取り組みが求められます。

　第二に、「新しい経済社会」へ向けた政策です。これは国のいう「新しい生活様式」よりもはるかに広い社会全般の改革へ向けた取り組みを指します。今世紀に入って頻発している感染症を含めた「災害の時代」において、それに対応した産業や生活のあり方を現実につくりあげていかなければなりません。感染症に限定していえば、「密」をコントロールできる少人数学級へのシフト（教員数の増加やスペースの確保）やオンライン教育基盤の整備、1990年代から半減してしまった保

健所の再強化、感染症拡大に適時適切に対応できる医療連携体制の構築などの社会インフラの拡充が必要です。サプライチェーンの寸断を想定し、緊急時に暮らしを守っていくために、各地域ではできるだけ食料やエネルギーの自給自足を進めていくなど、自治体は自立的な地域づくりを推し進めていかなければなりません。それは東京一極集中から地域分散ネットワークへと国土構造を変革することに他なりません。このような「新しい経済社会」のための具体的な取り組みは、これからしばらく試行錯誤を繰り返しながら進められていかなければなりません。その際に最も大切なことは、地域の住民や事業者らが自らの問題として受け止め、自治体の方針や政策に市民として参画し、公民が連携しながら地域社会をつくりあげていくことです。

4　国による行財政措置

　自治体や地域の短期・中長期的な取り組みをバックアップすることにより、国民の生命・健康・財産・コミュニティ等を守ることは国の最大の義務です。国はその責任を果たすために、次のような行財政措置をとっていかなければなりません。

　第一に、自治体が短期的にも中長期的にも災害に対応した政策が実施できるようにするために、適切な財源措置を講じていくことです。その中心は自治体への一般財源措置にあります。なぜなら、地域の態様やニーズは千差万別であり、効率的な財政運営のためには自治体の使途の制約が少なければ少ないほど望ましいからです。ただし、東日本大震災時の防災関連予算が不適切な分野へと「流用」された経験からみれば、重大な災害に対応するための予算が意味不明な分野へと回される点については留意しなければなりません。このような建前と実態の間のキャップが大きくなれば、自治体の歳出項目への強い制約や

申請書作成などの事前チェックにともなう自治体の労力の浪費へとつながります。そのため、今回の地方創生臨時交付金のような緩やかな使途の制限も必要なケースはあるでしょう。このような行財政措置においては、国と地方との間の柔軟な関係改善が必要であり、それなしには国民を災害から守ることはできません。

　第二に、自治体財政に過度の負担をかけることなく、また国民の間での不公平が生じないように、国は国民や民間事業者への財政支援を行っていかなければなりません。例えば、感染症患者を懸命に支えている医療機関の経営が圧迫されることは、きわめて不条理な事態に他なりません。それによって医療機関が感染症対応に後ろ向きになれば、その影響は国民の生命の危機に直結します。医療機関への経営支援を自治体に任せっきりになれば、国民は住む地域によって生命の選別を受ける状況になりかねません。同じことは福祉施設等への政策対応にもいえることであり、高齢者らに対する安全安心なサービスを保障するためには、国が普遍的な対応をとらなければならないのは当然です。

　財政の全般的危機が進行する中、国も自治体もかつてないほどの水準で、税や公債そして財政支出のあり方を絶えず検討しながら財政運営を進めていかざるをえません。その際に何よりも必要なのは、財政運営の「適切性」と「公平性」です。前者は、コロナ禍における「GoToキャンペーン」や「アベノマスク」の強行のような問題です。さらに大きな観点からいえば、国民がコロナ禍で苦しんでいる渦中における、過去最大の防衛費予算の計上なども、財政運営の適切性を著しく欠く行為に他なりません。後者の「公平性」は、同じように苦しむ国民や事業者に対して、差別的な取り扱いをしてはならないという当然の原則です。政治が人気取りに奔走すれば、財政運営は公平性という最高規範から大きく外れ、単なる政治の道具と化してしまいます。しかし、そのような政治による財政行動を許してしまう責任は国民・

住民にもあります。

　これからの国・自治体の財政運営にとって最も必要なのは、国民・住民が財政について正しくコミットする財政民主主義の回復に他ならないのです。

Ⅱ部

資料　アンケート回答内容

*R＝令和を指す。

資料1　コロナ対策と財政に関する都道府県アンケートの回答の整理

アンケート回収期間：2020 年 7 月 8 日〜8 月 20 日
回収数：33　　回収率：70%

1　R2年度当初予算におけるコロナ対応の予算について

　「R2年度当初予算においてコロナ対応の予算を組みましたか」の問いには、「コロナ対応の予算を盛り込んだ」との回答は 33 都道府県中 5 件のみであり、「特に組んでいない」が大半であった。ただし、R元年度補正予算や予備費で対応した事業を R2年度当初予算に盛り込むケースや R2年度当初予算における既存予算や予備費を活用する例もみられる。

2　R2年度補正予算（4月〜6月）におけるコロナ対応について、単独事業の予算規模を決めるにあたって特に意識した点（複数回答、2つまで）

　「財政調整基金等の基金取崩可能額」が 6 件、「地方創生臨時交付金の限度額」が 17 件、「新型コロナ対策の方針に沿った必要事業費」が 25 件、「当初予算の組み替え（減額補正）による財源捻出」が 0 件であった。その他、「回答なし」あるいは「3 件選択」が 4 件あった。

3　R2年度補正予算における国の補助事業についての課題、問題点について

　「無回答」あるいは「特になし」が大半であったが、いくつかの都道府県から以下の意見があった。

・中小事業者等の資金繰りを支援するため、国の要請に基づき、全国一律で創設された制度融資に係る貸与 4 年目以降の利子引き下げ分については、全額、地方の負担とされていることから、経済産業省において、国庫補助事業を創設されたい
・予算化の段階で国制度の内容が判らないものもあり予算計上方法等に苦慮した
・類似事業であっても、所管によって制度が異なる点
・国の交付金や補助事業の制度設計が示されるタイミングが遅いケースが多い
・国の補正予算に盛り込まれた事業について、タイミングを逸することなく、現在諸般の事業を講じているところであるが、最近の全国的な感染者数の増加やそのような中での感染防止対策と社会経済活動の維持・回復のために補助メニューの一層の拡大や増額が必要である

- 休業協力金については、臨時交付金を活用して各自治体が独自に行っているが、今後、国による財源措置も含め、制度化していただきたい
- 事業の執行に向けた関係団体等との調整等に時間を要するケースがある
- 常に状況が変化しているため、適正な積算が困難なケースがある
- 地方創生臨時交付金の算定方法は示されているものの、限度額が現時点では不明確

4 R2年度当初予算に計上された事業で、財源確保のために減額補正した経費について

「無回答」あるいは「現時点で該当がない」が大半であったが、減額補正を行った都道府県もある。その内容と金額は以下のとおりである。

- 福岡県：東京オリンピック・パラリンピック関連事業、国際交流関連事業、大会・イベント関連事業、県職員の出張旅費、特別職の給与減額等。減額補正総額約17億4600万円
- 高知県：オリンピックやよさこい祭り等の大規模イベントの中止・延期に伴い不要となった経費の減額補正額約3億3400万円、知事等の給与および県議会議員報酬の減額補正額約1000万円
- 北海道：東京オリンピック・パラリンピック関連事業の減額補正額約6億5000万円、コロナの影響による各種予算の減額補正額約5億7500万円
- 大分県：国際スポーツ大会誘致推進事業等7事業の減額補正額約1億6400万円
- 岩手県：議会費の減額補正約2200万円
- 福島県：福島空港復興加速化推進事業の減額補正額約6000万円、第13回日本アグーナリー支援事業の減額補正額約1000万円、海外移住者支援事業の減額補正額約600万円
- 広島県：企業立地促進対策事業の減額補正額約3億円、メキシコ選手団等事前合宿受入推進事業の減額補正額約4700万円、異文化間協働活動推進事業の減額補正額約1500万円
- 静岡県：大規模警備事業の減額補正額約1億5300万円、東京オリンピック・パラリンピック自転車競技開催推進事業の減額補正額11億3000万円、東京オリンピック・パラリンピックレガシー推進事業の減額補正約5100万円
- 神奈川県：特別職等の給与減額措置等約5億8000万円、議員期末手当減額措置等約1億700万円、イベント等開催中止約14億5700万円

5 今後当初予算の減額補正を行うかどうかの考え方について

　「未定」は少なく、「検討中」あるいは「検討する」という回答が大半であった。9月補正予算において減額補正を予定しているという都道府県もあった。多くの都道府県で財源確保のため、今後の補正予算において減額補正を積極的に検討しており、すでに減額補正を行った都道府県においても引き続き減額補正を講じていく考え方を示す場合が多い。

6 新型コロナウイルス感染症対応地方創生臨時交付金の課題や問題点について

　「特になし」「無回答」が一定数あるとともに、以下のように地方創生臨時交付金を評価する意見がみられた。

- ・引き続き自由度の高い交付金の取り扱いをお願いしたい
- ・当初、本交付金による基金造成は認められていなかったことは大きな課題と認識していたが、その後、制度融資に係る利子補給等に係る基金造成が認められたことは大いに評価する
- ・幅広い事業に充当できて使い勝手がよい
- ・交付金の取扱いについては、地方公共団体が地域の実情に応じてきめ細やかに実施する事業に充当可能となっていることから、現時点で課題等はない

　他方では、課題や要望をあげる意見も多くみられた。具体的には基金造成などの年度間流用や柔軟運用に関する以下の意見があった。

- ・『新しい生活様式』を踏まえた地域経済の活性化に資する施策は、今年度のみならず来年度以降も実施することが想定される。そのため、交付金を拡充の上、後年度に交付金を使えるよう基金積立を例外なく認めてもらう必要がある
- ・基金造成などの年度間流用を幅広く認めるなど、より柔軟に活用できる制度とすべき
- ・基金を積み立てることができる事業が制限されており、複数年度にわたり取組が必要な事業について、臨時交付金を活用することができない
- ・臨時交付金は、今年度予算に計上し実施する事業が対象とされているが、利子補給事業や信用保証料補助事業については基金の積立てにより後年度の取崩し・充当が認められたところ。しかし、コロナの第二波の到来など、収束が依然として見通せない中、その他の計画している事業の執行について不透明なものも多いほか、来年度以降対応しなければいけない事項も一定程度あると考えられることから、基金への包括的な積立てによる後年度の柔軟な事業の執行を可能にするなどの運用が必要

・新型コロナウイルス感染症対応がR３年度まで継続した場合の財源としての活用（基金造成の要件が厳しい）
・地域の実情に応じた自由度の高い柔軟な制度への変更をお願いしたい（年度間の流用や、次年度以降の取組に向けた基金の造成など）
・基金への積立ては一定条件を除き、認められていないが、事業費の執行残等については、来年度以降のコロナ対策のため、基金への積立てを認めていただきたい
・年度間流用や基金の造成などを含め、自由度の高い柔軟な制度となっていない
・実施期間がR４年度以降にわたる事業に臨時交付金を充当したい場合、国の要綱等には、基金事業化を検討するよう示されているが、これについて、対象事業の要件や取扱等について国へ質問を行っているが、回答を留保され、明確な方針が示されていない
・感染の動向や地域経済及び住民生活への影響など、日々状況が変化していることを踏まえ、実施計画の柔軟な変更を認めるべき
・創生交付金の補助裏部分については対象が限定列挙されているが、国の当初予算分の国庫を活用し、補正予算を組んだ事業は国庫補助事業であるが単独事業として整理が必要となった
・国の二次補正において、基金積立への活用が可能とされたが、不確実な事故等の発生に応じて資金を交付する事業であること、当該事業の進捗が他の事業の進捗に依存するものであること等、複数の要件が課せられており、より弾力的な活用が可能になることを希望する

また、増額や制度継続に関する意見・要望として以下の意見があった。
・感染拡大の収束後も経済回復に向けて中長期的な対応が求められることから、今後の経済状況を踏まえた増額や、当面の間の制度継続が必要
・今後の感染状況などに応じて、臨時交付金を引き継ぐ新たな交付金制度が設けられていない
・感染症の拡大状況によっては、事業費が増大し、更なる増額が必要となる可能性がある
・交付金の総額については、今後の感染症の状況や経済の動向等を踏まえ、臨機応変に、かつ時期を逸することなく国において増額などの対応を図る必要がある
・第二波到来のおそれなど予断を許さない状況であり、今年度の更なる追加の財政需要や次年度以降の対応にも十分配慮をお願いしたい

なお、東京都からは以下の意見があった。

・東京都は、新型コロナウイルスの感染拡大を防止し、日本最大の人口・企業の集積地である東京の経済を支えるため、国の交付金も活用しながら、中小企業等に対する更なる支援などに積極的に取り組む必要がある。しかしながら、第一次補正予算分の交付額の算定にあたっては、財政力が高い自治体への配分を抑える算定方式が採用されたことにより、感染者数が全国最多である都の実態が十分に反映されなかった。そのため、大都市の実情を的確に反映するよう国に対して強く要望してきた。第二次補正予算分については、感染者数の状況など実態を踏まえた配慮が一部なされたが、依然として財政力による調整を行っており、東京都への交付分が割り落されている。東京は、全国で累計感染者数が最も多く、直近の感染者数が再び増加に転じるなど、感染症対策に係る財政需要が大きいことから、今後の財政支援にあたっては、財政力による調整を行わず、実情を踏まえたものとして欲しい

7 新型コロナウイルス感染症緊急包括支援交付金の課題や問題点について

「特になし」や「無回答」が一定程度みられる一方、課題や問題点について、様々な意見、要望があった。

まず、柔軟な活用や対象の拡大の必要性、ならびに交付金の予算規模に関して以下の意見・要望があった。

・実情に応じ、都道府県の判断でより柔軟に幅広く活用できる制度とすべき

・『新型コロナウイルス感染症緊急包括支援事業実施要綱』に定められた事業の趣旨に沿った柔軟な活用のため、『新型コロナウイルス感染症緊急包括支援事業の実施に当たっての取扱いについて』の使途や上限額の制約を緩和すること

・対象経費が限定されていることから、地域の実情に応じて必要な医療体制が整備できるよう、補助基準額、補助対象経費の設定を柔軟にする必要がある

・対象となる事業の限定や上限額の設定がされているが、医療提供体制の整備にあたって地域が抱える事情は一律ではないことから、幅広く対象を認め、上限額の設定は外すべきではないか

・事業メニューや補助対象が限定的で補助基準上限が定められるなど、全国一律の取り扱いになっており、地域の実情に応じた柔軟な対応が困難であること

・対象経費が限定されており使い勝手が良くないことから、対象を柔軟に設定するなど、地域の実情に応じて弾力的に活用できるようにする必要がある

・事業内容や基準単価等が全国一律で定められており、地域の実情に応じた柔軟な対応が困難
・使途が限定列挙されていることから、地域の実情に応じた柔軟な執行に課題がある
・地域の実情に応じた地方単独事業への活用（現在は補助裏のみ）
・実施要綱の目的には『地域の実情に応じて、柔軟かつ機動的に実施することができる』との記述があるが、対象経費の限定や、使途の細かな限定など柔軟性に欠ける面がある
・（以下を国に要望した）地域医療を確保していくためには、感染患者を受け入れた医療機関への謝礼金の支給や、患者数の減少等に伴い経営に打撃を受けている医療機関に対する経営支援など、地方自治体が地域の実情に即した支援を行う必要があることから、新型コロナウイルス感染症緊急包括支援交付金の対象を大幅に拡充し、使い勝手の良い制度とすること
・医療機関における、一般の患者減による収入減に活用できない
・使途が限定的なため、県の裁量によって活用できない
・PCR検査の運営費、検査費用等について、感染症緊急包括支援交付金の充当が認められておらず、財政負担が大きいこと
・感染症対策に係る必要額の確保
・要望額に対して、国から十分な予算配分があるかどうかの見通しが立たない
・入院医療機関に対する人工呼吸器の整備について、国の基準額が低いため、必要な機器の整備のためには、一部県の持ち出しが必要となる
・次の感染拡大の波に備え、地域の実情に合った支援を行うため、今後交付金が不足する場合には、予備費の充当を含む増額等を速やかに検討してもらいたい
・予算の目安額が示されている項目があるが、積算を積み上げると足りない可能性もあるため、不足分は予備費を活用して十分な財源手当をお願いしたい

次に、執行上の事務負担に関する以下の意見があった。
・各事業の詳細について国が指針を示してくれていないものが多く、事業の執行に影響が生じている。執行に係る事務負担が膨大になることが想定されるため、事務委託等、執行体制の調整等を行ったうえで速やかな執行が必要
・国の二次補正予算において追加された医療従事者等への慰労金の給付について、給付手続きの調整等が不十分なままに都道府県が事業主体とされ、今後煩雑な支給事務の実施を余儀なくされている
・医療従事者等に対する慰労金や医療機関等に対する支援金の給付事務など、

地方において膨大な事務量が想定されること
- 交付金額が高額となるため、早期の交付決定及び交付金の払い込みを求めている

8 秋以降の補正予算において検討している地域経済対策の事業について

「未定」や「検討中」がほとんどであり、9月議会に補正予算案が提出される段階で明らかになるものとおもわれる。

- 今後懸念される第二波、第三波の感染拡大への備えや社会経済再活性化に資する事業を検討中
- 今後の経済動向を見て支援が必要となる部分については補正予算を編成予定
- 感染症第二波への備えや、地域経済の再生に向けた取組等
- 県内経済を段階的に引き上げるための需要喚起事業等
- 地域公共交通の維持・存続に向けた支援措置等
- 状況を注視しながら必要な事業については随時、補正予算での対応を検討との回答もあった

9 第二波への対応として、職員拡充の内容と財源について

職員拡充については、「なし」あるいは「現時点では予定なし」とともに「未定」との回答が多くみられた。「検討中」との回答も一定数あり、今後の動向が注目される。具体的な取り組みを回答した都道府県も一部あり、その内容は以下のとおりである。

- 専担組織である感染症対策課を新設し、今後も適切に対応していくこととしている
- 令和2年度職員採用試験合格者の今年度中の早期採用。年度内の人事異動（時期・人数は検討中）
- 相談体制や補助金等の事務の体制確保については、これまでも全庁的に取り組んでいる（6月、会計年度任用職員の採用50名程度）
- （主な拡充）保健所の相談体制を強化するため保健師を増員（財源：緊急包括支援交付金）
- 保健師を臨時的に採用するなど、保健所の業務体制の強化を図る（新型コロナウイルス感染症対応地方創生臨時交付金活用）。このほか、今後の感染拡大の状況に応じて、年度途中においても職員を増員するなど、柔軟に対応する
- 感染拡大の状況等を踏まえ、必要な体制を確保したいと考えているが、現時点で決定しているものはない。なお、当県では、新型コロナウイルス感染症対策等に伴う臨時的な業務に従事する職員を確保するため、一般行政職の臨

時的任用職員を募集しているところであり、新型コロナウイルス感染症の影響により離職を余儀なくされた方などは積極的に募集しているところである。これらに必要な財源については、臨時交付金の活用を検討している
・これまで、感染症に関する相談窓口へ県保健師 OB を配置しており、これに係る財源としては、新型コロナウイルス感染症緊急包括支援交付金の活用を予定している。今後のさらなる体制拡充については未定である

10　第二波への対応として、医療機関等への財政支援について

医療機関等への財政支援については、「未定」や「検討中」との回答が大半であったが、具体的な取り組み等について回答した都道府県もあり、その内容は以下のとおりである。

・国の二次補正における新型コロナウイルス感染症緊急包括支援交付金を活用し、重点医療機関等に対する空床確保のための支援の他、病院や診療所等の院内感染防止対策に要する経費の補助等を行う
・6 月補正において第二波以降に備えた経費を計上（国の二次補正も活用し医療従事者への慰労金や医療機関の患者の導線確保など院内での感染拡大を防ぐ取り組みに対する補助など）
・（主なもの）医療機関において、感染拡大防止策を実施した場合、病床数等に応じ補助
・主な施策は以下のとおり。感染症病床確保事業【新規】、医療機関等における設備整備【新規】、医療機関向け個人防護具・消毒液の確保・配布【新規】、医療機関等における感染拡大防止等支援事業【新規】、医療従事者、介護職員等への慰労金の支給【新規】」
・国の補正予算を活用し、医療機関に対する空床確保経費への助成や院内感染防止対策に要する経費等を助成するほか、医療機関の経営に与える負担を緩和するため、県独自の支援として、新型コロナウイルス感染症患者の入院受入れを行う医療機関に対する入院協力金や看護職員への手当を助成する
・国の補正予算において措置された各種補助事業のほか、県独自の取組として、新型コロナウイルス感染症入院患者 1 名につき、30 万円を入院医療機関に協力金として支給する
・6 月補正までに以下の措置を講じている。PCR 検査機器をはじめとする医療資機材整備や感染症拡大防止策に対する支援、確保病床の空床補償、新型コロナ対応従事者への慰労金給付、民間医療機関に係る支援金の給付等（新型コロナウイルス感染症緊急包括支援交付金、新型コロナウイルス感染症対応地方創生臨時交付金等を活用）。県立病院等における新型コロナの対応で生じ

た減収への支援（財政調整基金取崩しにより対応）

・6月補正予算で、検査機器等の導入、空き病床確保、院内感染防止に必要な
設備整備の支援、および休業を余儀なくされた医療機関への再開支援に係る
経費を計上（財源：新型コロナウイルス感染症緊急包括支援交付金）

・県単独での財政支援は行っていない。医療提供体制等の整備等、新型コロナ
ウイルス感染症対策については、新型コロナウイルス感染症緊急包括支援金
等の国補助等を活用し、必要な対応を行っている

　以上のように、医療機関の経営悪化に対する対策としては、国の補助事業の
活用のほか、独自の財政支援策を講じる都道府県もあるが、都道府県の財源が
限られていることから、それには限界があることがうかがえる。この点につい
て、国への要望として以下の意見があった。

・まずは国の施策として制度や基準等を整備し、実施すべきものであり、県と
しては医療機関等の厳しい経営状況を国に伝え、必要な経営支援策を要望し
ていく

11　政府の地方一般財源総額に関する実質前年度同水準ルールについて

　この設問へはほとんどの都道府県が回答しており、政府の地方一般財源総額
に関する実質前年度同水準ルールを評価する意見が見られるが、手放しで評価
する意見は少なく、国への注文をつける意見が多く見られた。

　地方一般財源総額に関する実質前年度同水準ルールを評価する意見としては
以下があった。

・地方一般財源総額が実質的に前年度同水準を確保されることは地方財政の安
定に寄与している。社会保障関係経費が毎年度増加する中、地方一般財源総
額の確保が不可欠となっている

・同水準ルールの下で、地方交付税を増額しつつ臨時財政対策債の発行が抑制
されるなど地方財政の改善が図られるとともに、2年度地方財政計画では幼
児教育・高等教育の無償化に要する地方負担や会計年度任用職員制度導入に
伴う必要経費等が歳出に増額計上されるなど評価できる

・一定水準の財源が確保されていること、また、財政運営の見通しが立てやす
いことなどから評価している

・地方団体の安定的な財政運営および財政健全化に寄与するものと考える

・引き続き、国において地方の財政需要を的確に地方財政計画に計上し、一般
財源総額の確保充実を図られたい

他方で、同水準ルールへの評価とともに、地方一般財源総額の確保に対する国への注文をつける意見がみられた。

・各地方公共団体において、一般財源が確実に増加し、必要な額が確保されるよう、財源保障と財源調整を適切に講じるべき

・年々増嵩する社会保障関係経費を別枠とした上で、前年度同水準を確保すべき

・これまでの地方側からの主張を一定程度踏まえたものであり、一定の評価をしているものである。一方で、他の歳出にしわ寄せが行かないよう、社会保障関係費の増加や、教育無償化に係る経費などを、地方財政計画に的確に反映した上で、実質的に同水準を確保していただく必要がある

・2021年度までにおいて、2018年度地方財政計画の水準を下回らないよう実質的に同水準を確保するとされているところであり、新型コロナウイルス感染拡大による地方財政への影響を踏まえて、必要な一般財源総額の確保・充実を国に強く求めていく

・安定的な財政運営に必要となる地方一般財源を確保することで、地方創生や人口減少対策等の一層の推進が図られるものと考える。近年では、社会保障関係費や臨時財政対策債償還費が増加する一方、その他の行政経費が圧縮される傾向となっており、特に包括算定経費が大幅に減少してきている

・近年、国の予算総額は社会保障関係費の増などにより増加傾向にあるが、一方、地方財政計画の歳出総額は過去のピーク時からほとんど増加しておらず、地方は増加する社会保障関係費の財源を給与関係経費や投資的経費の削減により捻出している状況にある。さらに、令和3年度においては、地方の実情に沿った新型コロナウイルス感染症対策等に取り組む必要も想定されることから、地方財政計画に地方の財政需要を的確に積み上げ、地方一般財源総額を確保するだけでなく、充実させる必要がある

・実質前年度同水準ルールが継続されているが、本県においては非常に厳しい財政状況にある。地方一般財源総額については、地方が責任をもって新型コロナウイルス感染症拡大防止対策、防災・減災対策など、様々な行政サービスを十分担えるよう、安定的な財政運営に必要な額を確実に確保・充実すべきである

・一般財源の総額を減少させていないことについては評価できるが、当時と比べても社会保障費などの義務的経費や県有施設の老朽化対策など、財政需要は増加が続いている。国にはこのような地方の財政需要を的確に把握していただきたい。また、依然として財源不足が解消されていないことから、国に対して地方交付税の法定率の引き上げなど、特例措置に依存しない持続可能

な制度の確立を求める
- 新型コロナウイルス感染症の感染拡大防止とのバランスを図りつつ、社会経済活動の回復を目指していくために必要な地方一般財源総額の確保・充実を望む
- 新型コロナウイルス感染症拡大防止、感染症収束後のＶ字回復への対策や、地方創生・人口減少対策などを的確に反映し、安定的な財政運営に必要となる地方財源総額の確保・充実をしていただきたい
- 社会保障関係費の増や激甚化する災害への対応等に加え、新型コロナウイルスへの対応等、地方の実情に応じた対応ができるよう、必要な経費を地方財政計画に的確に反映し、必要な一般財源総額を確実に確保するようお願いしたい
- 令和３年度以降も同ルールを維持した上で、新しい生活様式に対応していくための財政需要を追加で計上する等、必要な一般財源総額の確保をお願いしたい
- 社会保障関係費の財源や臨時財政対策債の償還財源はもとより、新型コロナウイルス感染症の感染拡大防止対策、地方創生・人口減少対策をはじめ、新型コロナウイルス感染症の感染拡大を踏まえた緊急事態措置や経済活動の自粛により大きな打撃を受けている地域経済の活性化・雇用対策、人づくり、国土強靱化のための防災・減災事業など、地方の実情に沿ったきめ細やかな行政サービスを十分担えるよう、地方単独事業も含め、地方財政計画に的確に反映し、安定的な財政運営に必要な地方一般財源を確実に確保・充実することを求めたい

地方一般財源総額の確保とともに配分への注文をつける意見として以下があった。
- 地方創生や人口減少対策、地域経済活性化、国土強靱化のための防災・減災事業、さらには新型コロナウイルス感染症後の経済の回復対策といった緊急の課題に責任をもって取り組んでいくため、地方一般財源総額の確保・充実が必要であり、前年度同水準ルールについては一定評価。一方で、今後の経済の回復に向けては、東京や大阪といった大都市部による牽引だけでなく、疲弊している地方経済の再起も必要不可欠であり、財政力の弱い自治体においても必要な取り組みが実施できるよう、一般財源総額の確保に加え、地方の実情を十分踏まえた形で配分が行われることが重要である。引き続き、地方一般財源総額を確保しつつ、臨時財政対策債などの特例措置に依存しない持続可能な制度の確立等により、地方税財源の充実・強化を図ることが不可欠

であると考える

　地方税の減収のなかで地方一般財源総額の確保への注文として以下の意見があった。
・一般財源の総額について実質的に前年度を下回らない額とすること（実質前年度同水準ルール）は、地方の安定的な財政運営に寄与してきたものと考えている。特に、景気後退局面においては、地方税が減収となる状況で、一般財源総額が確保される方針は重要と考えている。なお、一般財源総額の確保にあたっては、例えば社会保障関係費や公共施設の老朽化対策経費の増、臨財債の発行に伴う償還など、必要な歳出を適切に地方財政計画に計上し、持続的な財源確保がなされる必要があると考えている
・地方の一般財源総額について、2021年度までは2018年度と実質同水準を確保されるとされていることは、地方公共団体の要望を一定程度受け止めたものと認識している。しかし、新型コロナウイルス感染症の影響により、地方税のみならず、国税も大幅な減少が懸念されることから、新型コロナウイルス感染症対策に係る財政需要の増加も含めて、適切な歳入歳出の積算に基づいた地方財政対策により、一般財源総額の確保が必要となるものと考える
・新型コロナウイルス感染症の影響による地方の税財源の減少も懸念される中で、様々な行政サービスを十分担えるよう、安定的な財政運営に必要な地方一般財源総額を確実に確保・充実すべき
・新型コロナウイルス感染症の影響による経済の下振れやそれに伴う地方税の大幅な減少が懸念されているが、感染症の拡大防止対策や地域経済の活性化など、様々な行政サービスが十分に行えるよう、安定的な財政運営に必要な地方一般財源総額を確実に確保する必要がある
・令和3年度においては、新型コロナウイルスの感染拡大に伴い、税収をはじめとした歳入全般に多大な影響が見込まれる中での予算編成となるため、国において、実質同水準ルールのもと、地方一般財源総額を安定的に確保されたい。また、感染症の対応にあたっては、臨時交付金等の別枠で適切に確保されたい
・安定的な財政運営に必要な地方財源の確保・充実の上で不可欠。減収が想定される地方税収などを的確に見込んだ上で、地方一般財源総額を確保されたい

　その他、以下の意見があった。
・新型コロナウイルスの感染拡大を受けて、今後の実質前年度同水準ルールに

影響があるかということであれば、現時点では税収等の見通しが不透明であり、コロナによる影響等については不明である

　なお、京都府からは府の一般財源総額の実態を紹介しながら具体的な意見が以下のように述べられている。
・現行のルールでは、地方一般財源総額については令和3年度まで「2018年度地方財政計画の水準を下回らないよう実質的に同水準を確保する」とされている。ルールが導入された平成23年度と比較し、同総額は約3兆円増加しているものの、令和2年度地財計画においては、今なお約4.5兆円の財源不足が生じている状況であり、本府においても増加し続ける社会保障関係経費を給与関係経費の削減や行政改革などの取組を通じて、何とか吸収している状況である。こうした中、新型コロナウイルスの影響により地方財源不足が更に膨らむことも懸念されることから、地方交付税の法定率の引き上げなどにより、臨時財政対策債に依存することなく交付税総額を確保する必要がある。また、今年度の地方税収はかつてない減収となるおそれがあることから、減収補填債の対象税目追加など、きめ細かな財源措置が必要と考える

　以上の京都府の意見のなかで、減収補填債の対象税目追加が必要とされているが、具体的には、現行制度では地方消費税が減収補填債の対象税目となっていない。この点について、他の都道府県から次の意見があった。
・少なくとも、新型コロナウイルス感染症による景気への影響が生じている間は、地方消費税を減収補填債の対象に追加していただきたい
・現下の経済情勢を踏まえれば、大幅な減収を想定せざるを得ないが、減収の多くを占める地方消費税は地方交付税制度の減収補填の対象となっていないため、国においては、地方の行財政運営に支障が生じないよう、地方消費税等の減収に対して確実に減収補填措置を講じていただきたい

12　政府のコロナ対応の財政措置についての評価について
　回答のあった33都道府県のうち、「十分」は1、「まあまあ十分」が18件、「やや不十分」が6件、「きわめて不十分」が1件、「無回答・その他」が7件であった。

13　政府の財政措置に関する考え方について
　「今後の展開が見通せず、十分かどうかは不明である」「現状では判断できない」「今後予想される第二波の状況等を踏まえ回答するものと考える」「感染症

の収束が見通せない中での評価は困難なため、回答不可」「現在、国と交付申請などの手続きを調整している最中であり、評価できる段階にない」といった回答もあったが、具体的な意見を述べたものが多くみられた。

　政府の財政措置を概ね評価する意見として以下のものがあった。
・地方創生臨時交付金の創設など概ね適切に対応いただいている
・新型コロナウイルス感染症対応地方創生臨時交付金について、全国知事会の「飛躍的増額」の提言を受け、国の第一次、第二次合わせて 3 兆円とされ、財政状況が厳しい地方に対しても配慮された配分とされたこと、また、当初国負担が 2 分の 1 とされていた新型コロナウイルス感染症緊急包括支援交付金について、国 10 分の 10 負担となったことは評価できる
・国の二次補正により、配分額の増額が実施されたため、現状は充足
・現時点では、概ね十分な財政措置が講じられている。今後、事態が長期化した際も十分な措置をお願いしたい
・今後も財政状況が厳しい地方に配慮し、時期を逸することなく、臨機応変に対応されたい
・今回の危機に対し、国が過去に例のない規模の対策を講じたこと、また、全国知事会と連携して要望してきた臨時交付金の増額、家賃補助、官民ファンドによる支援等が、国の二次補正予算で措置されたことから、一定の評価をするもの

　政府の財政措置を概ね評価する一方、今後の状況次第で新たな対策が必要との意見として、以下があった。
・二次にわたる国の補正予算は、スピード感・規模感とも一定の水準を満たしており、当時の状況下においては概ね適切に対応いただいたものと考えている。一方で、このところ全国的に感染者数が増加しており、状況次第で、今後更なる対策を打っていく必要はあると思われる
・地方の声を受入れ、地方創生臨時交付金の総額を 3 兆円に増額されたことはありがたい。今後の第二波の状況等によっては、休業補償等に要する財源が不足することも考えられるため、国においては、状況に応じた適切な財政措置をお願いしたい
・本県においては、国の補助金・交付金を最大限に活用し、新型コロナウイルス感染症対策を講じているところ。現時点で不足はないが、第 2 波、第 3 波など今後の状況においては不足もありうる
・今後の感染拡大等が見通せない中において、さらなる財政措置が必要となる

可能性がある
・国の二次補正で臨時交付金が増額されるなど地方へ配慮していただいているが、今後、継続したコロナ対策や税への影響も懸念されるため、引き続き財政支援が必要

政府の財政措置に対する様々な要望を含む意見として以下があった。
・「感染拡大の防止」と「社会経済活動」の両立のため、医療提供体制・検査体制の強化、中小企業・農林漁業事業者等への支援、観光需要の喚起等について、支援の充実・継続を希望する
・新型コロナウイルス感染症対応地方創生臨時交付金については、国の二次補正予算において増額されたところであるが、今後の感染拡大に備えた医療提供体制の強化や「新しい生活様式」の普及に向けた対策を強化するとともに、第二波への対応に万全を期するため、予備費の活用を含め、さらなる臨時交付金の増額といった追加の経済対策を講じるなど、臨機応変な対策を講じていただきたい
・医療機関に対する支援は喫緊の課題である。新型コロナウイルス患者を受け入れているか否かにかかわらず、医療機関の経営は大変厳しいと聞いている。国において速やかに医療機関への支援に対応いただけるよう、予備費の充当を含む交付金の増額や、福祉医療機構による無利子・無担保貸付額の拡充を強く要請したい
・今後、地方税収の大幅減が想定されることから、安定的な財政運営が可能な財政措置が必要と考える
・感染症の影響による地域経済の下振れや、それに伴う厳しい歳入環境が懸念されることから、来年度も引き続き地方の安定的な財政運営への配慮が必要である
・地方が地域の実情に応じた対策を実施できるよう、地方創生臨時交付金の使途の拡大を図るとともに、令和3年度以降も継続した支援が必要
・地方の意見を反映した二次補正による交付金の増額等は評価できるが、今後の経済状況を踏まえたさらなる増額、執行の柔軟化が必要
・臨時交付金等様々な事業に活用できるようにするメニュー等が幅広く設定されている反面、具体的に県としてどのような事業に活用可能なのか分かりにくい部分がある
・最近、全国的に再び感染者数が増加している中、国の継続的な財政支援とその一層の充実、増額が必要である
・臨時交付金について、幅広い使途の設定や第二次補正による増額は評価した

い。今後、国の要請により創設した制度融資における後年度の利子引き上げ分に係る国庫補助制度の創設や減収補填債の対象税目の拡大による財源確保等を図られたい
・国の二次補正予算においては、新型コロナウイルス感染症対応地方創生臨時交付金や新型コロナウイルス感染症緊急包括支援交付金が大幅に拡充されている。県としては、こうした財源を最大限活用しながら、「第二波の防止」と「地域経済の早期回復」の両立に向けて全力を尽くしていく。また、感染拡大防止に協力を求めた事業者への補償については、全国一律の休業補償制度の創設を国に対し求めていく

14 新型コロナ禍を災害対策基本法等の対象とし、地方財政法第5条債の起債対象とすることへの考え方について

　新型コロナ禍を災害対策基本法等の対象とする地方財政法5条債（以下、5条債）を発行することについては、現行制度では実施できないことから、「特になし」という回答や「現時点では具体的な国の動きがないため、回答しかねる」という回答があった。また、「今後、国等の動向を注視していく」「新型コロナ禍を災害として位置づけるか否かについては、法解釈上の問題であるため、今後とも国の動向を注視する」との回答もあった。一方、国の制度改正があれば、活用を検討することもありえるとする回答として以下があった。
・財源確保の選択肢が増える取り組みであると考えるが、実際に活用するかどうかは具体的な制度設計を踏まえて検討する必要がある
・国において制度改正が行われることがある場合においては、有利な条件であれば活用を検討する
・財政規律の観点から、対象経費に一定の条件を付した上で、また元利償還金に対しては、国の財政措置がなされることを前提に、財源対策の手段として起債が活用できるとありがたい
・現時点では、令和2年度における新型コロナ対応に係る経費については、国の交付金（包括交付金、臨時交付金）等により財政措置されている（投資的経費は起債対象）。今後、国の予算の都合等により、交付金の配分を超える財政需要へ対応する必要が生じれば、交付金に準じた適切な地方財政措置のある地方債の活用も検討の余地があると考える
・長期間・多岐に及ぶ感染防止等の事業について、いつまでの何に対する経費を起債対象とするのか、適債性や臨時交付金との棲み分けも踏まえた明確な基準が必要である
・起債は後年度の負担増につながることから、地方の財政負担に考慮した制度

とする必要がある
・本県では公債費負担適正化計画を策定し、投資的経費の事業量を公債費の実負担に基づき管理していることから、起債対象となった場合には、将来の公債費の実負担への影響を踏まえながら、発行の要否について検討する必要がある
・新型コロナウイルス感染症対策については、長期的な対策が必要となること、全国的な課題であること等、自然災害とは性質を異にする点も多いことから、非公募債主義の原則に照らし、十分な検討を要するものと考える

　他方で、多くの回答では、以下にみられるように5条債の発行には否定的であった。
・臨時交付金の運用を整理することで、対応するべき
・ご質問の趣旨が明らかではありませんが、ソフト対策を含めた新型コロナウイルス対応に伴う直接的な経費については、一律を起債対象とするのではなく、基本的には国費により措置されるべきものと考える
・国が責任をもって地方に財源手当てを講じるべきであり、安易に地方に借金を負わすべきではない
・現時点では、臨時交付金や包括支援交付金といった国による財源措置が概ね適切に行われていることから、必要性は大きくないと考える
・本県において、新型コロナウイルス感染症対策の財源として、地方創生臨時交付金や緊急包括支援交付金を活用できていることから、現時点では起債対象を拡大する必要はないと考える
・コロナ対応に係る財源については、地方創生臨時交付金や緊急包括支援交付金などの国庫支出金を活用しているところであり、更なる追加補正が必要となった場合の財源についても、引き続き、国において、しっかり確保していただけるよう要望していきたいと考えています。このため、新型コロナ禍を5条債の起債対象とし、地方債によって財源を確保していくことは考えておりません
・起債対象とすることで地方負担とするのではなく、国において、感染状況に応じて臨機応変に経済対策を実施し、地方自治体が行う新型コロナウイルス対策の地方負担額について十分な財政措置を行うべき
・現時点では現状の財政措置で対応できているものと考える
・コロナ禍に係る財政出動に対しては、5条債の対象経費を除くほか、国が創設した交付金等を財源に実施している。よって、新型コロナ禍を災害対策基本法等の対象とし、起債対象とする必要性は低いと考える

・地方が地域の実情に応じてきめ細やかに必要な事業を実施できる自由度の高い交付金を設置するなど、国において十分な財政措置を行っていくべきと考える
・新型コロナウイルス対応の地財措置については、交付金により対応していただきたい
・臨時交付金の運用を整理することで、対応するべき
・交付金や地方交付税等の真水での地財措置が望ましい
・現在は、臨時交付金を財源に対応しているところ
・新型コロナ禍の対策は、我が国が一丸となって対処すべき最重要の課題であり、まずは国による負担がなされるべきものと考える
・ご質問の趣旨が、新型コロナウイルスに対応するための費用を災害復旧事業債の対象とすることについての考えを問うものとすれば、地方債残高の増加による後年度の負担の増加が懸念されることから、同費用については、地方創生臨時交付金等による国の継続的な財政支援がなされるべきである
・コロナ禍への地方債充当は、（建設事業のように）後年度への直接的な効用をもたらさないため、原則として慎重であるべき。5条4号に定める災害復旧債は、財政上の応急措置として消極的に認められたものであり、かつその多くが建設事業（土砂撤去なども含む）に活用されていることから、コロナ禍への充当と同列に論じるべきではない。「現に災害に匹敵する経済被害が生じており、財政力の制限から地方債に財源を求めざるを得ない」とする場合であっても、基準を厳格に定め、充当に制限を設けない限り、財政規律の維持は困難である。※例えば休業要請の協力金などに地方債の充当を認めてしまうと、対象範囲、支給水準、実施回数などが膨らみ続ける懸念があるだけでなく、後年度への負担の繰り延べについて、将来世代への説明がつかない
・現行法の中で、新型コロナウイルス感染症による様々な被害を起債対象事業とするかどうかは、議論のあるところと考えるが、仮に起債対象事業となったとしても、元利償還額に国からの交付税措置が無いと、財源が保障されているとは言えず、自治体にとってメリットは薄いと考えられる

資料 2　コロナ対策と財政に関する政令市アンケートの回答の整理

アンケート回収期間：2020 年 7 月 15 日〜8 月 30 日

回収数：14/20　　回収率：70％

1　R 2 年度当初予算におけるコロナ対応の予算について

　「R 2 年度当初予算においてコロナ対応の予算を組みましたか」の問いには、「コロナ対応の予算を盛り込んだ」との回答は 0 件であり、「特に組んでいない」が 14 件（100％）。

2　R 2 年度補正予算（4 月〜6 月）におけるコロナ対応について、単独事業の予算規模を決めるにあたって特に意識した点（複数回答、2 つまで）

　「財政調整基金等の基金取崩可能額」が 3 件、「地方創生臨時交付金の限度額」が 6 件、「新型コロナ対策の方針に沿った必要事業費」が 13 件、「当初予算の組み替え（減額補正）による財源捻出」が 1 件、その他が 1 件であった。

3　R 2 年度補正予算における国の補助事業についての課題、問題点について

　「無回答」あるいは「特になし」が大半であったが、いくつかの政令市から以下の意見があった。

・補助上限額の設定があまりに低く、ほぼ単独事業とならざるを得ないものがあった

・地方に負担が生じないように実施すべきと考えるが、初期整備のみが補助対象で運用上必要な経費が補助対象外になるなど地方負担が生じている事業がある

・国庫補助事業については、各省庁で計上された補助事業に関する要綱等の概要が示されるのが遅く、地方自治体における補正予算の編成時期に間に合わないなど、迅速な事業執行に支障が生じている。また、国庫補助事業による地方負担分（裏負担）については、地方創生臨時交付金で賄うことになっているが、3000 億円程度しか留保されていないため、今後、秋から冬にかけての事業計画の収集調査により、認証割れ（減額）となる可能性があるため、地方自治体の財政運営に影響が生じる可能性がある

4　R２年度当初予算に計上された事業で、財源確保のために減額補正した経費について

「無回答」あるいは「現時点で該当がない」が大半であったが、減額補正を行った政令市もある。その内容と金額は以下のとおりである。

・北九州市

中止したイベントなど　事業費 11 億 4307 万円　減額補正額 4 億 8894 万 5000 円

執行できない国際関係事業　事業費 1 億 3428 万 3000 円　減額補正額 9468 万 1000 円

事業補助金の減少　事業費 35 億 3819 万円　減額補正額 2 億 1455 万 8000 円

事業量の減少　事業費 271 億 1571 万 7000 円　減額補正額 2 億 3369 万 2000 円

・仙台市

敬老乗車証交付事業費　事業費 32 億 1278 万 2000 円　減額補正額 3 億 3838 万 4000 円

情報システムセンター業務運営　事業費 20 億 2138 万 5000 円　減額補正額 2 億 8849 万 5000 円

東京オリンピック・パラリンピックを契機としたスポーツ交流推進　事業費 2 億 8500 万円　減額補正額 2 億 4251 万 4000 円

・京都市

4 月補正　△ 2500 万円　※以下、主な事業を記載。

京都映画賞（仮称）の実施　事業費 1600 万円　減額補正額 1000 万円

東アジア文化都市交流事業　事業費 1022 万 6000 円　減額補正額 500 万円

アート市場活性化事業　事業費 650 万円　減額補正額 200 万円

5 月補正　△ 2000 万円　※以下、主な事業を記載。

子どもたちが芸術文化に触れる機会の創出　事業費 3485 万 2000 円　減額補正額 510 万円

京都文学賞の実施　事業費 1800 万円　減額補正額 120 万円

文化財説明板の多言語化事業　事業費 350 万円　減額補正額 350 万円

京都文化遺産を千年先にプログラム　事業費 200 万円　減額補正額 200 万円

いのちかがやく京都市動物園構想 2020 推進事業等　事業費 6360 万円　減額補正額 340 万円

・広島市

事業中止による減額

東京オリンピック・パラリンピック等への対応　1億9730万円

　　第10回平和首長会議総会の開催　4023万1000円

　　ひろしまフラワーフェスティバルの開催　2953万9000円

　　スポーツ大会開催支援　514万6000円

　　職員長期海外派遣研修　301万6000円

　　給与の減額　149万7000円

・静岡市

　静岡まつり開催助成　事業費7671万5000円　減額補正額5181万3000円

　オリンピック・パラリンピック合宿等誘致　事業費8576万9000円　減額補
　正額5300万円

　清水港客船誘致委員会負担金　事業費7034万円　減額補正額2500万円

・横浜市

　東京2020オリンピック・パラリンピック横浜市推進事業費　事業費12億
　2412万7000円　減額補正額8億2000万円

　客船寄港促進事業費　事業費11億2413万5000円　減額補正額4億円

　学校体育振興事業費　事業費1億2227万8000円　減額補正額1億190万
　5000円

5　今後当初予算の減額補正を行うかどうかの考え方について

　「無回答」「未定」は少なく、「検討中」、「検討する」、「減額を予定」という回
答が大半であった。9月補正予算において減額補正を予定しているという政令
市もあった。多くの政令市で財源確保のため、今後の補正予算において減額補
正を検討するとしている。

・オリンピック等イベントの中止・延期により、R2中に事業が行われないも
　のについては、今後減額補正を予定

・市税収入の大幅な減収や、第二波、第三波の備えや地域経済の底上げ等を始
　めとした財政需要の増大が見込まれるため、今後も減額補正を実施する予定
　である

・本市においては、6月補正において既に減額補正を実施しており、新型コロ
　ナウイルス感染症への対策にかかる財源捻出のため、9月補正以降も、継続
　して事業見直し（減額補正）を実施していくことにしている

6　新型コロナウイルス感染症対応地方創生臨時交付金の課題や問題点について

　「特になし」「無回答」が多くみられるとともに、以下のような意見がみられ
た。基金造成や年度間流用などの柔軟運用を求める意見として、以下があった。

・基金として執行する場合、既存基金への積み増しを原則不可としているが、新規に基金を設けるとなると条例制定が必要となり、現実的には困難である
・次の点から、現制度では中・長期的施策の実施が困難である
「新しい生活様式に対応する設備等整備には複数年を要するものもあるが、債務負担行為で契約し翌年以降に予算計上する場合は交付金対象事業とならない」「基金活用の条件が厳格で、該当事業がほとんどない」
・今後、第二波、第三波を想定した対策案を検討・実施するにあたっては、国庫補助事業の地方負担分を含めた臨時交付金のさらなる追加配分が必要なことや、臨時交付金の充当条件である、予算組み替え等により対応した事業や繰上償還の可能性のある信用保証料助成等の充当対象外の事業について、充当条件の緩和や制度の柔軟化が必要なことが課題である

交付金の増額や配分に関する意見として以下があった。
・人口が多く感染リスクが高いこと、他市町村の患者も受け入れる中枢的医療機関があること、飲食店等の集中する指定都市であること等を踏まえると配分割合が低い
・新型コロナウイルスに係る感染者や、医療、検査体制、地域経済の状況は予断を許さない状況であり、刻々と変化する状況や不測の事態に対応していくためにも、臨機応変に交付金の増額を行ってもらいたい。なお、交付金の配分については、地方自治体の財政力に関わらず必要な額を措置するべき
・交付額の積算について不明確な点がある。都市部に対しては手厚い交付が必要

7 秋以降の補正予算において検討している地域経済対策の事業について

「未定」や「検討中」がほとんどであり、9月議会に補正予算案が提出される段階で明らかになるものとおもわれる。回答として記載されたものとして以下があった。
・既に補正予算化済み感染症対策等の期間の延長に伴う増額補正等を想定
・これまで実施してきた経済対策による地域経済への影響や、今後の感染症の拡大状況等も見据える必要があるため、現段階においては不明である
・地方創生臨時交付金（第二次分）の使途として、感染症と災害の複合的な事象から市民を守る「防災対策」、新しい生活様式を踏まえた「デジタル化」、環境と調和した経済復興を目指す「環境・脱炭素」、引き続き取り組む「感染症対策」等の事業を検討している
・現時点で新たに検討している事業はないが、今後の感染症患者の発生状況や

地域情勢を注視し、必要な施策を検討していく

・秋以降の補正予算案の提案については、更なる状態の変化や国による新型コロナウイルス感染症対応地方創生臨時交付金の交付限度額の決定などを踏まえ、必要な事業を検討していく

8　第二波への対応として、職員体制の拡充の内容と財源について

職員体制の拡充については、「未定」が多く、「検討中」との回答もみられた。職員の増員を予定している例は一部にとどまっている。回答が記載されているものとして、以下があった。

・臨時交付金を財源とし、9月より新たに会計年度任用職員50名を採用する予定

・第一波時において、新型コロナウイルス感染拡大防止を図るため、関係課と協議の上、体制を整えた。感染症拡大防止のための体制の在り方は、その後も継続的に協議しており、第二波へ備えた体制についても適切に体制の確保を図っていく（財源は新型コロナウイルス感染症対応地方創生臨時交付金、財源調整基金）。※予算を伴わず、通常の職員の体制を変更することで、対応するものもある

・現時点において、第二波に対応するために全体の職員数を増やす予定はない

・新型コロナウイルス対策により業務量が増大した際に、職員の健康を保持した上で、適正な業務執行体制を継続的に確保していくため、本市では既存職員の業務や業務応援により職員体制の拡充を行っている

・必要に応じて本市全体で業務発令や応援体制を構築することで対応する予定である。また、非常勤職員については、必要に応じて任用していく。その際の財源としては、新型コロナウイルス感染症対応地方創生臨時交付金を充当することを想定している

9　第二波への対応として、医療機関等への財政支援について

医療機関等への財政支援については、「未定」との回答が大半であったが、具体的な取り組み等について回答した政令市もあり、その内容は以下のとおりである。

・現行では以下の取組を実施
医療・介護従事者等支援金の支給「6月補正：2億200万円（寄附金・臨時付金等を活用）」対象：入院患者受入医療機関、医師会、帰国者・接触者外来、検体採取医療機関、介護サービス事業所、障害福祉サービス事業所支給額：10〜500万円/か所、見込施設数：約1900か所

PCR 検査等協力支援金「7 月補正：800 万円（臨時交付金を活用）」PCR 検査及び抗原検査の検体採取により、医師が新型コロナウイルスに感染し、診療所を休止した場合に、診療所に対し、再開のための支援金を支給：支給額 100 万円/診療所、支給見込件数は 8 件

・新型コロナウイルス感染症の疑い患者に対して検体採取を行っている医療機関に対して支援を行うほか、診療所も含めた市内の医療機関に対して防護衣等医療用資機材の配付を行っている

・5 月補正：医療機関に対する支援金の創設 1 億 6500 万円

・医療機関における発熱患者受入促進及び簡易病室等の設備整備の補助を実施（財源は新型コロナウイルス感染症対応地方創生臨時交付金）

・新型コロナウイルス感染症患者を受け入れる病床を確保し、また、重症・中等症患者を受け入れた市内の医療機関に対して協力金を支給

・医療資材の購入、診療所における感染防止等の支援、歯科診療所における感染防止等の支援

・第二波への対応は未定である。医療機関に対する財政支援については、都道府県に措置されている新型コロナウイルス感染症緊急包括支援交付金の活用を原則としつつ、県が策定する実施計画等に応じて補正予算案の提案を検討していく

10　政府の地方一般財源総額に関する実質前年度同水準ルールについて

「無回答」も一定数みられたが、具体的な意見として、以下があった。

・地方の安定的な財政運営に寄与しているものと考える

・地方自治体の財政の予見性を担保する意味において、これまでの対応として一定の評価をしたい。コロナ禍においては、地方一般財源の拡充が必要であると考える

・「国の施策及び予算に関する提案」において、地方交付税の必要額の確保を提案している

・直近では地方一般財源総額について 2018 年度の地方財政計画の水準を下回らないよう実質的に同水準を確保することとされており、2019 年度および 2020 年度の同計画において一般財源総額の増額が実現されたところではあるが、新型コロナウイルス感染症の地域経済への甚大な影響が長期化することにより、地方税の大幅な減収も見込まれることから、地方財政計画への別枠加算を設けるなど、地方自治体が安定的な財政運営を行えるよう、地方交付税の必要額を確保すべきであると考える

・「経済財政運営と改革の基本方針 2019」の中で、一般財源の総額について、

2018 年度地方財政計画の水準を下回らないよう、実質的に同水準を確保するとされた。「経済財政運営と改革の基本方針 2020」では記載が無かったものの、「記載が無い項目についても、引き続き着実に実施する」とされていることから、2021 年度においても「実質的に同水準」の一般財源が確保されるものと認識している。なお、新型コロナウイルス感染症の影響による地方の財政需要や地方税の減収については、必要な地方交付税が確保されるべきと考えている

・実質前年度同水準ルールにより、地方一般財源総額が一定水準で確保されていることは自治体の財政の継続性を担保するうえで、重要だと考えている。しかし、地方の財源不足分を臨時財政対策債で補う形になっており、自治体の市債発行額抑制や市債残高削減が進まない要因となっている点は問題と考える

・令和 3 年度地方財政計画において新型コロナ感染症対応の財源措置が見込まれない場合は、必要な事業から一般財源を捻出して対応せざるを得なくなり、市政運営に影響を及ぼすとともに、今後の景気動向によっては臨時財政対策債の新規発行が拡大することが懸念される

・新型コロナウイルス感染症の影響を含めた地方の財政需要や地方税等の収入を的確に見込み、地方自治体が安定した財政運営を行えるよう、必要な一般財源総額を確保してもらいたい

・本市において、一般財源収入がピークとなった平成 12 年以降、市税の増加に伴う地方交付税や臨時財政対策債の多少の増減はあるものの、大幅な増減にはなっていない

地方一般財源総額については、現在「骨太方針 2018」で定められた 2021 年度まで 2018 年地方財政計画の水準を下回らないように同水準を確保することとされている。令和 2 年度地方財政計画において、消費増税に伴い地方税収が伸張した際には、地方財政計画の歳出も、社会保障施策の充実のため増額となっており、結果として地方一般財源総額は増となった。同水準ルールは、地方の予見可能性を確保するとともに、前年度と同額とするルールではないので、事務量を踏まえ、必要な額がほぼ確保されており、概ね適切に運用されていると評価することができると考えている

一方で、同水準ルールのために本来地方が対応すべき課題、業務に充当する財源が確保できていないとすれば、大きな問題であると考える。今回の新型コロナウイルス感染症の感染防止対策のような新たな行政事務が発生した場合等、地方が対応すべき業務が増となる場合は、財源も併せて増額確保とすべきと考える

コロナ対応について、令和３年度以降に同様の臨時交付金が措置されないのであれば、地方交付税の算定において、新型コロナウイルス感染症による影響を含めた地方の財政需要や地方税等の収入を的確に見込み、地方財政計画の歳出特別枠を設けるなどにより、地方自治体が安定的な財政運営を行えるよう、標準的な行政サービスの提供に必要な地方交付税額を確保すべきであると考える

11　政府のコロナ対応の財政措置についての評価について

14政令市のうち、「十分」は０件、「まあまあ十分」が４件、「やや不十分」が７件、「きわめて不十分」が０件、「無回答」が３件であった。

12　政府の財政措置に関する考え方について

「無回答」が若干みられた他、具体的な意見として、以下があった。
・政府の財政措置により、現時点において、必要な対策、支援等は概ね実施できていると考える
・新型コロナウイルス感染症の拡大・長期化は、地域経済に甚大な影響を及ぼしていることから、地方自治体が持続可能な財政運営を行えるよう政府による十分な財源保障が必要である。特に、令和２年度の地方税収は、大幅な減収が見込まれることから、この一時的な減収に対応するため、地方消費税交付金など減収補填債の対象外となっている税目についても、対象とする等の対応が必要であると考える

・指定都市市長会では以下の点を国に提言している。
　ア　新型コロナウイルス感染症の地域経済への甚大な影響が長期化することにより、地方税の大幅な減収も見込まれることから、地方自治体が安定した財政運営を行えるよう、地方交付税の必要額を確保すること
　イ　今後の感染症対策等に地方自治体が地域の実情に合わせて的確に対応できるよう、減収補填債や猶予特例債の弾力的な運用、緊急的な国費による交付金での対応等、地方自治体の財政力に関わらず緊急時に必要かつ十分な財政措置を迅速に講ずること
　ウ　病院、交通、水道事業をはじめとする公営企業について、経営状況の急激な悪化に対応できるよう、十分な支援策を講ずること
・新型コロナウイルス感染症対応地方創生臨時交付金の都道府県分と市町村分の配分割合について、第一次補正ではほぼ１：１の比率であったものが、第二次補正では市町村への配分割合がやや拡充されたことや、財政力指数による

影響が一定程度抑制される算定方法に変更されたことは、本市を含む指定都市の要望にも沿うものと認識している。しかしながら、今後の第二波、第三波も見据えた場合は、基金の活用や事業見直しによる財源捻出には限界があることから、感染拡大防止と社会経済活動の維持に大きな役割を担っている指定都市がその役割を十分に果たせるよう、今般の臨時交付金のような支援を含め、地域の実情に応じて必要となる施策を機動的に実施できるよう、財政力に関わらず必要かつ十分な財政支援を迅速に講じていただきたい

・国からは、臨時交付金により財政措置がなされているが、今後、感染の第二波・第三波が起こる可能性もあり、不確定要素も多いため、現時点で十分とは断定できない

・国の二次補正により、地方創生臨時交付金や緊急包括支援交付金が拡充され、これまで取り組んできたコロナ対策に係る財政負担は軽減されている。ただ、全国的に感染拡大が続いている中で、今後も感染拡大防止と経済活動の両立に向けた取組を続ける必要があることから、国に対して財政支援の要望は引き続き行っていく

・地方創生臨時交付金ですべての事業を賄えていない

・コロナ包括支援交付金を活用できる対象経費が限定的かつ都道府県のみへの交付であるため、指定都市の裁量で活用できないことが課題である

・地方自治体が地域の実情に合わせて的確に対応ができるよう、緊急時に必要かつ十分な財政措置を迅速に講じてもらいたい

・国・地方（都道府県・指定都市等）におけるそれぞれの役割分担を明確にしたうえで適切な財政措置を講じていただきたい

・本市のように感染者数を多く抱える大都市部において、医療体制の更なる強化が求められることや、社会・経済活動に大きな影響が及んでいることから、重点的な配分が必要と考える

・民間企業に対する家賃補助など、各種施策の実施にあたっては、地方自治体ごとに支援内容が異なり、施策間競争になっている側面がある。そのため、市民や議会から他都市での支援内容を取り入れるよう強い要望があるなど、財政力や財政規模を超えて支援を検討する必要がある

13 新型コロナ禍を災害対策基本法等の対象とし、地方財政法第5条債の起債対象とすることへの考え方について

今後、検討もありうるといった意見として以下があった。

・新型コロナ禍が災害対策基本法等の対象となり、歳入欠かん債のような地方債が発行可能となった場合には、交付税措置等について勘案しつつ、活用の

可否を検討していく
- 新型コロナ禍の影響による市の減収に対応するために、市債の発行による財源確保を行うことは大変重要な取り組みであると考えているが、その負担を翌年度以降に強いることになるので、起債する場合は、将来の影響額を適正に見込むなど、市債残高の管理等に留意する必要があると考える

一方、否定的な意見として以下があった。
- 税収減等により多額の財源が必要となるが、可能であれば起債による資金調達よりも交付金や補助金等が望ましい
- 今般の新型コロナウイルス感染症に対応する財源については、まずは臨時交付金等の国費により確保すべきであると考える
- 災害復旧については、財政力の有無によって自治体間で差が出ないよう、地方負担を発生させないことが望ましく、新型コロナウイルス感染症対策についても可能な限り、地方債ではなく、臨時交付金や特別交付税で地方に直接財源を交付すべきと考えている。このことから、本市においては、感染症対策費を地財法5条の適債経費とすることではなく、コロナによる税収減への対応として、減収補てん債や徴収猶予債の弾力的な運用を国に要望している。また、仮に、コロナ感染症対策費が地財法5条の適債経費となった場合、地方全体で地方債が大量発行されることがマーケットに受け入れられるかどうか、利率等の条件に影響があるのかなど、さまざまな角度から注視していく必要があるものと考えている
- 本市においては、現在のところ、既存の地方債制度により対応できるものと考えている
- 政府の財政措置があるため、現時点において、必要性は感じていない
- 災害復旧事業として、起債対象となる事業は、災害にかかった施設を「原形」に復旧する事業であることから、新型コロナ禍の対策として、施設を「改修」するような事業を起債対象とすることは馴染まないのではないかと思料する
- 新型コロナウイルス感染拡大の防止や感染拡大の影響を受けている地域経済や住民生活の支援等の必要な施策に係る財源については、国が創設した『新型コロナウイルス感染症対応地方創生臨時交付金』を主に活用することとしている
- 安易に将来的な財政負担になる起債に頼るのではなく、まずは令和3年度以降においても、新型コロナウイルス感染症への対策及び経済対策に活用できる臨時交付金を設け、地方自治体が行う単独事業及び国庫補助事業の地方負担分の財源を確保していただくことが必要だと考える

また、以下の意見もあった。
・新型コロナ禍（感染症対応等）における国・地方（都道府県・指定都市等）
　の役割が明確になったうえでの検討が必要と考える

資料3 コロナ対策と財政に関する中核市アンケートの回答の整理

アンケート回収期間：2020 年 7 月 15 日〜8 月 30 日

回収数：29/60　　回収率：48%

1 R2年度当初予算におけるコロナ対応の予算について

「R2年度当初予算においてコロナ対応の予算を組みましたか」の問いには、「コロナ対応の予算を盛り込んだ」との回答はゼロであり、「特に組んでいない」が 28、無回答 1。

2 R2年度補正予算（4月〜6月）におけるコロナ対応について、単独事業の予算規模を決めるにあたって特に意識した点（複数回答、2つまで）

「財政調整基金等の基金取崩可能額」が 11 件、「地方創生臨時交付金の限度額」が 18 件、「新型コロナ対策の方針に沿った必要事業費」が 23 件、「当初予算の組み替え（減額補正）による財源捻出」が 2 件であった。

3 R2年度補正予算における国の補助事業についての課題、問題点について

「無回答」あるいは「特になし」が大半であったが、いくつかの中核市から以下の意見があった。

・補助単価や基準額設定の考え方（都市によって単価が異なるため、対象経費全額を補助対象とする）
・次年度分も配分いただけるならば、強くお願いしたい
・同様の補助対象であっても、省庁によって全額補助のものやそうでないものが混在しており、その切り分けの基準が明確でない
・制度設計の段階において、地方の意見を聴取する機会を設けていただきたかった
・補助対象が都道府県のみとなっているなど、補助要件が限定的になっており、市町村にとって活用できていない補助事業も見受けられる
・新型コロナウイルス感染症緊急包括支援交付金については、都道府県が交付対象であり、実施計画等は都道府県が作成して国に提出することになっているが、一部の事業の実施主体は保健所設置市等も含まれている。県から通知等がなかったことにより、交付金を受け取れない事業が発生しており、保健所設置市等については、各々で実施計画を作成できるようにするなど、申請手続きに課題がある

・「新しい日常」を構築するためにも、新型コロナウイルス感染症対応地方創生臨時交付金をはじめとした各補助金・交付金メニューの臨時的な展開・拡充を期待する

4 Ｒ２年度当初予算に計上された事業で、財源確保のために減額補正した経費について

「無回答」あるいは「現時点で該当がない」が大半であったが、減額補正を行った中核市もある。その内容と金額は以下のとおりである。

・久留米市
MICE 誘致推進事業　事業費 9871 万 1000 円　減額補正額 9337 万 1000 円
議会費　事業費 4362 万 5000 円　減額補正額 3082 万円
議会議員報酬　事業費 3 億 5700 万 3000 円　減額補正額 2304 万 7000 円
・岐阜市
イベント中止など　減額補正額 1 億 1255 万 5000 円
・高崎市
庭球場改修事業　事業費 1 億 400 万円　減額補正額 1 億 400 万円
老人休養ホーム解体工事　事業費 7400 万円　減額補正額 7400 万円
市民スポーツパーク（仮称）整備事業　事業費 5600 万円　減額補正額 4 千万円
・宮崎市
議員報酬等　事業費 7 億 431 万円　減額補正額 1643 万 2000 円
・いわき市
スポーツイベント開催支援事業　事業費 3508 万 6000 円　減額補正額 3077 万 2000 円
東京オリンピック・パラリンピック推進事業　事業費 1704 万 1000 円　減額補正額 1337 万 1000 円
費用弁償等（消防関係）　事業費 4544 万 4000 円　減額補正額 864 万 7000 円
・呉市
議員の期末手当　減額補正額 971 万 8000 円
政務活動費及び行政視察費　減額補正額 2210 万 1000 円
市長・副市長の期末手当　減額補正額 161 万円
・金沢市
姉妹都市交流関連　事業費 3740 万円　減額補正額 1130 万円
文化・伝統関連　事業費 1 億 1385 万円　減額補正額 9301 万円
オリンピック・パラリンピック関連　事業費 1 億 260 万円　減額補正額 3340 万円

・旭川市

　西神楽支所等施設再編事業　事業費2億1464万7000円　減額補正額6100万円

　北の恵み食べマルシェ開催負担金　事業費4800万円　減額補正額4400万円

　イベント推進費　事業費1230万円　減額補正額1230万円

・水戸市

　新市民会館整備事業　事業費55億円　減額補正額10億円

　市長の6月支給期末手当　事業費300万円　減額補正額300万円

　各種イベント経費　事業費8750万円　減額補正額7250万円

・明石市

　議会費　事業費5億7130万4000円　減額補正額2459万1000円

・松江市

　観光イベント事業　事業費4425万6000円　減額補正額3848万8000円

　芸術文化振興事業　事業費1500万円　減額補正額1250万円

　地域型市民活動支援事業　事業費800万円　減額補正額800万円

・東大阪市

　特別職人件費　事業費9412万円　減額補正額928万9000円

　議員人件費　事業費4億4602万9000円　減額補正額2206万円

　市議会事務管理費　事業費1197万1000円　減額補正額1097万6000円

・鳥取市

　議会費調査研究費　事業費1330万6000円　減額補正額1000万円

・函館市

　港まつり開催負担金ほか26事業　事業費1億2749万7000円　減額補正額1億2749万7000円 ― 財源確保のためではなく、予算執行が見込まれない事業について減額補正を実施

5　今後当初予算の減額補正を行うかどうかの考え方について

　「無回答」「未定」は少なく、「検討中」、「検討する」、「減額を予定」という回答が大半であった。9月補正予算において減額補正を予定しているという中核市もあった。多くの中核市で財源確保のため、今後の補正予算において減額補正を検討することがわかる。

6　新型コロナウイルス感染症対応地方創生臨時交付金の課題や問題点について

　「特になし」「無回答」が多くみられるとともに、以下のような意見がみられた。

・地域の実情に応じてきめ細やかに必要な事業を実施するため、自由度の高いものとしてもらいたい

・休業補償や既存事業への活用ができない点
・臨時交付金を充当することができる事業か否かの判断が難しい
・次年度以降の継続をお願いしたい
・次年度以降のコロナ対策に係る交付金の有無が不明であり、継続した事業を打ち出せないこと
・今年度においても、第二波、第三波が発生した場合に対応する事業の財源として、現状の限度額だけでは明らかに不足することが想定される
・今後、感染拡大を受けて、自粛要請を行うようなことがあれば、市内経済を支えるさらなる支援等を実施する可能性もあるため、状況によっては増額が必要となること
・コロナ感染症の収束が見えず、次年度以降も社会的・経済的影響が生じるものと予見されることから、今後の状況を踏まえた適時適切な国の支援が引き続き必要である
・現時点で感染終息が見通せず、長期化することが予想されるため、引き続きコロナ対応事業がしっかり実施できるよう、国が交付金をしっかり用意していただきたい
・令和2年度執行分のみに対象が限定されており、3年度以降の継続的な対応経費や複数年にわたる施設改修等の費用に充当できない点
・地方単独事業の交付対象としては、補正予算か予備費によるものとなっているが、近年多発する大雨等の災害の状況に鑑みると予備費での事業実施は躊躇されるところがある。当初予算に計上した事業のうち新型コロナウイルス感染症の影響により実施が困難になった事業の執行残などを活用して実施する事業も交付対象とできれば、今後感染拡大の第二波が訪れた時などにより機動的な対策ができるようになる

　配分方式に関する意見として以下があった。
・地方創生臨時交付金の交付限度額を算出する際に財政力を使用し、交付額の計算の過程で大幅な減額が可能となっている点

7　秋以降の補正予算において検討している地域経済対策の事業について

　「未定」や「検討中」がほとんどであり、9月議会に補正予算案が提出される段階で明らかになるものとおもわれる。回答として記載されたものとして以下があった。
・飲食店等家賃支援金。プレミアム付き商品券発行支援事業
・伝統工芸産業販路拡大等支援事業等

- 事業継続支援給付事業（売上高が減少した中小・小規模事業者のうち融資を受けて事業を継続する者に応援資金を給付）。新型コロナウイルス感染症関連利子・保証料補給
- 感染症の拡大防止、市内経済の回復、新しい生活様式を踏まえた事業について検討中
- 中小企業経営安定化助成金（事業所等の決算状況に応じて、事業所税の納付額に対して助成）の継続を含めた各種経済対策
- 感染症の拡大により影響を受ける市内中小企業者の経営安定化を図るため、県が実施する経営安定資金の保証料補給に併せ、3年間、利子の全額補給を行っているが、令和3年度以降の利子補給の財源として基金に積み立てることを検討中
- 第二波へ備えた医療・検査体制のさらなる強化、新たな生活様式、経済活動の後押しの事業等
- 消費喚起等を予定
- 指定管理施設への指定管理料補填
- 冬季観光誘客事業（事業内容は未定）

8　第二波への対応として、職員体制の拡充の内容と財源について

　　職員体制の拡充については、「未定」「予定なし」が多く、「検討中」との回答もみられた。職員の増員を予定している例は一部にとどまっている。回答が記載されているものとして、以下があった。
- 現在起きている第二波でも職員は拡充せず、部横断的な業務支援体制により対応している
- 臨時交付金と財政調整基金、減額補正による財源を今後の財源として予定している
- 第二波の規模次第では、臨時職員を増やす可能性はある。財源は未定
- 感染拡大により業務量が増加する部署については、職員の流動配置による対応等を検討する
- 現時点での職員体制の拡充は予定していない
- 財源を含め、今後の体制については現在、検討中
- 現行の職員総数の中で対応を考えている
- 職員の拡充は想定していない
- 職員体制の拡充については特に予定はないが、第二波発生時には全庁体制で必要な部署へ応援を送ることを想定している
- 第二波を含めて新型コロナウイルス感染症に係る新たな業務や業務増に対応

するために、各部署から応援が必要な部署に対して職員が派遣できるような応援体制を構築している

9 第二波への対応として、医療機関等への財政支援について

医療機関等への財政支援については、「未定」「無回答」「予定なし」などの回答が多くみられたが、具体的な取り組み等について回答した中核市もあり、その内容は以下のとおりである。

・新型コロナウイルス感染症患者等入院医療機関整備等事業費補助金により、新型コロナウイルス感染症の入院患者を受け入れる医療機関及び帰国者・接触者外来を設置する医療機関等に対し、設備整備の補助、診療の提供に対する補助、医療スタッフの感染により休業した場合に対する補助の３つの財政支援を実施。また、今後、発熱症状のある患者等の診療及び検体採取を行う医療機関に対する補助、医科及び歯科医療機関の診療体制確保等への補助を予定している

・新型コロナウイルス感染症患者の入院治療にあたる市内医療機関に限られるが、支援策を検討中

・市内の医療機関（病院、診療所、歯科医院）において、新型コロナウイルス感染者及び疑似症患者と接する従事者等に対し慰労金として商品券を配布する。また、医療提供体制を確保するため、感染防御に必要な物資（マスク、消毒液等）を配布する。また、市として発熱外来を設置、ドライブスルー検査体制を整備する他、市立病院への空床補償等を検討している

・病院事業家計への負担金（市立病院が購入する医療器具等洗浄装置に係る経費に対し、負担金を支出）

・今後も市立病院の感染症センター化など、医療・検査体制の強化を図る

・市民病院に感染症病棟を新設するにあたり、全額を地方創生臨時交付金により措置する。新型コロナウイルス支え合い基金を設立し、今後、医療体制の充実に要する費用等に活用することを予定

・人間ドック等の減少により経営状況が悪化した公設民営の医療機関に対して、運営費を負担

その他、以下の回答があった。

・市内の全業種を対象として一定の要件に該当する事業者に対し、一律の支援（支援金の支給）を実施するが、医療機関等に特化した市独自支援は、現在、想定していない

・市町村単位での支援では、財源に限界があると感じており、都道府県による財政支援が望ましい

・基本的には都道府県が行うものだが、状況を注視しながら支援策を検討していく

・9月補正までで対応予定

10　政府の地方一般財源総額に関する実質前年度同水準ルールについて

「無回答」も一定数みられたが、具体的な意見として、以下があった。

・各自治体において、全国平均を上回って社会保障関係経費が増加している団体においては地方交付税の基準財政需要額の増加につながっており、そのことが各自治体の抱える行政施策にも影響をあたえているため、このスキームの継続は難しいと考える

・新型コロナウイルス感染症などの特発的事態が発生した場合に、財源的に厳しい状況が生じる可能性がある

・2011年度以降、地方の一般財源総額は一定確保されているが、それは地方の歳出水準において、高齢化等に伴う社会保障経費の増加を給与関係経費や投資的経費の減少により賄っているためである。今後も増加する社会保障経費を他の経費で賄うことは困難であり、安定的な財政運営をするためには前年同水準ではなく、適切な歳出規模を算出し一般財源総額を確保していく必要がある

・本市の自主財源比率は40％前後を推移しており、中核市の中でも低い。また、経常収支比率も90％前後となっており臨時的経費に充当できる一般財源が不足している。そのため、新規事業立案の際には既存事業を廃止することや、予算編成の際にはシーリング率を設定する等の必要が生じている

・今後、社会保障関係経費の増嵩により生じる地方負担額の増加は不可避であるため、地方一般財源総額の実質前年度同水準ルールに固執することなく、同ルールの外枠で地方財政計画の歳出に計上するなど、必要に応じ財源を確実に確保するための方策を講じることが必要であると考える

・今後の国の動向を注視して参りたい

・当市は、他の中核市と比較し、人口減少が進んでおり、歳入面において市税や地方交付税については、地方財政計画とは乖離し、今後についても減少していく見通しとなっていることから、普通交付税算定における、基準財政収入額の前年度決算に基づく精算など、総額のさらなる確保や新たな算定手法の検討が必要と考える。

・特筆するほどの影響はないが、年々社会保障費が増大していることから、継続期間に関する動向に今後も注視する

・社会保障費の増大に加え、新型コロナウイルス感染症対策費（医療・経済等）

の継続など、今後も財政状況は厳しいことが想定されるため、さらなる地方財源の確保が必要と考える

・社会保障経費の増に伴う財源不足

・引き続き同水準を確保していただきたい

・現時点では大きな影響はないものと考えている

・社会保障関係費や市有施設の老朽化対策経費が上昇している中で、公債費についても本市では下げ止まり上昇に転じてきているため、実質前年度同水準では苦しいのが現状である

・本市では地方交付税の歳入に占める割合が大きく、地財計画の影響を受けやすい。実質前年度同水準ルールにより、大幅な予算割れをすることはなくなったが、地方交付税の減少傾向は続いている

・地方一般財源の不足分は市債となる臨時財政対策債によって賄われており、その残高が増加し続けていることから、財源については、臨時財政対策債によることなく、地方交付税によって確実に措置されたい

・交付税の合併算定替により減額されることに加え、令和2年で幼保無償化の一般財源部分が交付税措置となったが、結果、一般財源不足が生じた配分となったことで、非常に苦しい状況となっている

・少子高齢化、人口減少、社会保障費の増等による財政需要の増への財源が不足することが懸念される

・近年の地方の基金などをめぐる議論をみている中では、マクロにおける同水準ルールの継続は評価し得るものと考えている。今後、新型コロナウイルス感染症に伴って税収が落ち込む中には、新たに必要となる対策を地方財政計画の歳出に入れ、マクロでは財源の増額と個別の自治体に対する確実な手当が必要と考える

・マクロでの地方一般財源総額同一水準ルールの継続の原資として本市の市税は大幅に国税化されており、ミクロでみた本市の一般財源は大幅に減少し、事業実施に多大な影響を及ぼしている

・コロナ禍以前においては、市税収入も回復基調で継続していたところだが、本市としては普通交付税の合併算定替の縮減による交付基準額の減少傾向が続く中、社会保障費の自然増により、限られた財源をいかに効果のある施策に配分するかを課題として、財政運営にあたっている

・社会保障費の増加や公共施設の老朽化への対応、さらには人口減少社会における地方創生の推進などにより、地方の財政需要は年々増加していることから、財政需要を的確に捕捉した基準への見直しを行っていただきたい

・新型コロナウイルス感染症の影響に伴い、全国的に厳しい財政状況となるこ

とが見込まれるため、行政運営に必要な財政需要については、的確に地方財政計画に反映させ、安定的な財政運営に必要な一般財源総額を確保するよう国に求めたい
・地方一般財源総額が維持されていると、景気の回復や消費税率の引き上げ等により地方税収が増加した場合、逆に地方交付税等は減少するという影響がある
・地方財政計画において地方一般財源総額を同水準確保することは最低限必要なことであるが、地方が直面している様々な課題に対応するため、また、地方が安定的な財政運営を行うためには、同水準を確保するだけでなく、的確に財政需要を反映し、増額することも必要である。そのうえで、地方交付税については、臨時財政対策債や特例措置に依存しないよう、法定率の引き上げにより総額を確保するなど、持続可能な制度の確立が必要である

11 政府のコロナ対応の財政措置についての評価について

回答のあった29市のうち、「十分」は1、「まあまあ十分」が15件、「やや不十分」が7件、「きわめて不十分」が3件、「無回答」が3件であった。

12 政府の財政措置に関する考え方について

「無回答」が若干みられた他、具体的な意見として、以下があった。
・より一層の拡充を望む
・新型コロナウイルス感染症対策地方創生臨時交付金をはじめ幅広く補助が行われているが、事業実施にあたり、市町村の財政負担が生じており、財政調整基金が減少している現状がある。国難とも言えるコロナ禍は、市町村が財源持ち出しをすることなく事業実施できるように、国が十分な地方財政措置するべきである
・新型コロナウイルス感染症対応地方創生臨時交付金の総額を拡充するとともに、更に自由度の高い制度へ見直しを行っていただきたい
・今後、国の財政状況が悪化することが想定され、今後の地方一般財源に与える影響が少なくないものと考えられるため、今後の財政見通しに与える影響が大きい
・より手厚い財政支援を期待する
・病院に対する財政支援が必要だと考える。また、感染症の再拡大によっては更なる財政措置が必要と考える
・政令市（保健所設置市）の特別な財政需要等が十分に反映されているとは言い難い

・今後も新型コロナウイルス感染症対策に係る経費について継続的な財政措置をお願いしたい
・幅広い使途が認められており、柔軟な制度設計であると考えている。一方で、GIGAスクールの推進など、複数年度の支出が予定されるものについては基金への積立を認めてもらいたいと考えている
・全国的に感染拡大の状況がある中、二次補正に計上した予備費の活用などにより、地方への支援を機敏に実施してほしい
・国から地方への新型コロナウイルス対策費として配布されたのが地方創生臨時交付金であるが、昨年度の財政力指数を使用して算定されたため、本市は人口や市域が多いにも関わらず十分な額が交付されていない。国はコロナ収束後の地域経済対策も含め自治体独自の政策に充てるようアナウンスしているが、現状の交付額では収束前の繋ぎ事業で全て使い切る
・交付金の増額、また後年度負担にそなえる基金積立が認められたことはありがたいが、休業補償や既存事業への活用が認められるとありがたい
・感染拡大の第二波、第三波に備えるほか、新しい生活様式の確立や地域経済の回復に向けて、令和3年度以降も継続的に支援していただきたい
・地方自治体それぞれの地域事情を鑑み、各自治体で行う新型コロナウイルス関連の経済対策や生活支援政策、また感染予防、医療対策の財源である国庫支出金については、財源の確保及び補助率の嵩上げなどの財政措置を図ってもらいたい
・コロナ対応の事業が増大しており、さらなる地方創生臨時交付金による財源の拡充が必要である

13　新型コロナ禍を災害対策基本法等の対象とし、地方財政法第5条債の起債対象とすることへの考え方について

　新型コロナ禍を災害対策基本法等の対象とし、地方財政法第5条債の起債対象とすることが必要とする意見や、検討もありえるとする意見として以下があった。
・地方自治体は、国と異なり、赤字地方債を原則発行することができない。財源の問題から、市民に必要な新型コロナウイルス対策事業を実施することができないといった事態は避けなければならない。そのため、新型コロナ禍を災害対策基本法等の対象とし、地方財政法第5条の起債対象とすることは必要であると考える
・新型コロナの影響で地方自治体の財政状況は厳しいものとなっており、財源確保の面からみると一定の評価ができる

・各自治体の独自策の財源にできるので、有効だと考える
・緊急的な財政需要に対応するためには、新型コロナウイルス感染症拡大防止対策等を起債対象とすることは有効な手段であると考えるが、新型コロナウイルスによる影響が社会全般に及んでおり、多種多様な対策が講じられている状況にあっては、国において、起債対象とする範囲やその判断基準等を明確かつ具体的に示す必要があると考える
・新型コロナウイルス感染症感染拡大防止のために実施するハード事業であっても、債務負担行為を設定する場合は臨時交付金の対象にならないため、緊防債や防対債等の高い充当率、交付税措置のある事業債の対象となるのであれば望ましい
・他団体からも求められているものであり、必要な措置であると存じるが、地方債による財源確保手段の拡大のみならず、国からの積極的な財政支援を期待する
・減収補てん債、徴収猶予債等、既存の起債のみでは起債対象経費が限られるなかで、災害対策基本法等の対象となり、起債対象範囲の幅が広がるということであれば、活用を検討したい
・起債対象となることで、新型コロナウイルス感染症対策に係る地方公共団体独自財源が生まれることになり、より強力な対策を講じることが可能になると考える。ただし、起債を濫用することになると後年度負担が大きくなる懸念があるため、管理徹底が求められる
・そのような点も含めて、国で財源措置を幅広く検討していただきたい

　一方、否定的な意見として以下があった。
・起債による財政措置よりも、使途がより柔軟な交付金の拡充が望ましい
・新型コロナウイルス禍は、災害のひとつという考え方もあるが、国で指定感染症として定めていることからも、災害対策基本法等の対象とするのは難しいものと考える
・ハード面以外についても起債できるようになれば、単独事業が必要以上に増加し、公債費比率の悪化が考えられる
・コロナ禍への対策はソフト事業が多いため、財源的には助かるものの、起債対象としては若干違和感がある
・ハード的な整備を必要としているものではないことから、起債対象とすることはないものと考える
・地方債の借り入れを可能にすることにより、後年度に普通交付税による財政措置を行う当該手法は、交付団体と不交付団体とで不平等を招くことから望

ましいとは思えない。今回の新型コロナのような国難に対応するための財源は平等に地方にいきわたるよう補助金等で措置することが望ましい
・コロナ禍が災害救助法上の災害に該当するかの解釈次第かと思うが、仮に適債性が認められたとしても地方債を発行する予定はない
・起債でない財政措置が望ましい

その他、以下の意見があった。
・災害対策基本法等の対象の可否に関しては、国が判断することであり何とも申し上げられない。災害対策又は復旧にあたり、適債性が認められる事業を起債対象とすることは、適切であると考える
・国において議論されるべきものと考える
・設問の経費のみならず、感染症の影響により減収が見込まれる税目について、減収補てん債の対象とするなど、地方の安定的な財政運営に必要な制度設計を求めたい

アンケート様式①　コロナ対策と財政に関する都道府県アンケート

　新型コロナウイルス対策に関する財政対応について、以下の項目でそれぞれ当てはまる番号を一つだけ選んで○をつけてください。また、該当する欄にはご記入ください。

1．都道府県名　　　　　　　（　　　　　　　）
2．回答者の所属部課名　　　（　　　　　　　）
3．貴都道府県の財政状況についてお聞きします。
　・財政調整基金R元年度末の現在高　　　　　　（　　　　　　）千円
　　うちR2年度補正予算における取崩額　　　　（　　　　　　）千円
　・減債基金（任意積立分）のR元年度末の現在高　（　　　　　　）千円
　　うちR2年度補正予算における取崩額　　　　（　　　　　　）千円
　・特定目的基金R元年度末の現在高　　　　　　（　　　　　　）千円
　　うちR2年度補正予算において取り崩した基金名と取崩額
　　　　　　基金名（　　　　　　）取崩額（　　　　　　）千円
　　　　　　基金名（　　　　　　）取崩額（　　　　　　）千円
　　　　　　基金名（　　　　　　）取崩額（　　　　　　）千円

　・市場公募債発行団体にお聞きします。
　　市場公募債償還のための基金のR元年度末の現在高　（　　　　　）千円
　　うちR2年度補正予算における取崩額　　　　　　　（　　　　　）千円

4．R2年度当初予算においてコロナ対応の予算を組みましたか。
　　①特に組んでいない
　　②コロナ対応の予算を盛り込んだ　　内容（　　　　　　　　　　　　　　　　　　　　）

5．R2年度補正予算（4月補正～6月補正）におけるコロナ対応についてお聞きします（複数回答、2つまで）。
　・単独事業の予算規模を決めるにあたって特に意識された点は何でしょうか。
　　①財政調整基金等の基金取崩可能額　　　　②地方創生臨時交付金の限度額
　　③新型コロナ対策の方針に沿った必要事業費　④当初予算の組み替え（減額補正）による財源捻出
　　⑤その他（　　　　　　　　　　）
　・貴都道府県における休業要請に係る協力金の事業費　（　　　　　　）千円

　・補助事業について課題、問題点があればお教えください。

　・R2年度当初予算に計上された事業で、財源確保のために減額補正した経費についてお聞かせください。
　　事業名（　　　　　　）事業費（　　　　　　）千円　減額補正額（　　　　　　）千円
　　事業名（　　　　　　）事業費（　　　　　　）千円　減額補正額（　　　　　　）千円
　　事業名（　　　　　　）事業費（　　　　　　）千円　減額補正額（　　　　　　）千円

　・今後当初予算の減額補正を行うかどうかについての考え方をお教えください。

6．新型コロナウイルス感染症対応地方創生臨時交付金についてお聞きします。
　・第一次実施計画について、区分ごとの事業数および交付金申請額をお教えください。
　　Ⅰ．感染拡大防止と医療提供体制の整備等　　　（　　）件（　　　　　）千円
　　Ⅱ．雇用の維持と事業の継続　　　　　　　　　（　　）件（　　　　　）千円
　　Ⅲ．次の段階としての官民を挙げた経済活動の回復（　　）件（　　　　　）千円
　　Ⅳ．強靱な経済構造の構築　　　　　　　　　　（　　）件（　　　　　）千円
　・新型コロナウイルス感染症対応地方創生臨時交付金の課題や問題点があればお聞かせください。

7．新型コロナウイルス感染症緊急包括支援交付金についてお聞きします。
　・6月末時点での補正予算における総事業費をご記入ください。　（　　　　　　）千円
　・新型コロナウイルス感染症緊急包括支援交付金の課題や問題点があればお聞かせください。

8．新型コロナ対応による今年度の地方税の延納の影響額についてお聞きします（推計されている場合は推
　計額、推計されていない場合は5月末時点での実績）。　①年間推計額　②5月末実績額
　・影響額　法人二税（　　　　　）千円　都道府県民税（　　　　　）千円
　　　　　　自動車税（　　　　　）千円　その他　　（　　　　　）千円

9．貴都道府県独自の今後の地域経済対策についてお聞かせください。
　・秋以降の補正予算において検討している事業があればお教えください。

10．秋・冬に予想される第二波への対応と財源についてお聞きします。
　・職員体制の拡充を予定されている場合、その内容およびとそれに係る財源についてお聞かせください。

　・医療機関等への財政支援についてお聞かせください。

11．政府は地方一般財源総額について、2011年度から実質前年度同水準ルールを継続していますが、その影
　響とお考えをお聞かせください。

12．政府のコロナ対応の財政措置についてのお考えをお聞きします。
　　①十分　　②まあまあ十分　　③やや不十分　　④きわめて不十分
　・政府の財政措置に関する具体的なお考えをお聞かせください。

13．起債についてお聞きします。
　・新型コロナ禍を災害対策基本法等の対象とし、地方財政法5条債の起債対象とすることについてのお考
　　えをお聞かせください。

アンケート様式②　コロナ対策と財政に関する政令市アンケート

　新型コロナウイルス対策に関する財政対応について、以下の項目でそれぞれ当てはまる番号を一つだけ選んで○をつけてください。また、該当する欄にはご記入ください。

1．自治体名　　　　　　　（　　　　　　　）
2．回答者の所属部課名　　（　　　　　　　）
3．貴市の財政状況についてお聞きします。
　　・財政調整基金R元年度末の現在高　　　　　　　（　　　　　　）千円
　　　うちR2年度補正予算における取崩額　　　　　（　　　　　　）千円
　　・減債基金（任意積み立て分）のR元年度末の現在高　（　　　　　　）千円
　　　うちR2年度補正予算における取崩額　　　　　（　　　　　　）千円
　　・特定目的基金R元年度末の現在高　　　　　　　（　　　　　　）千円
　　　うちR2年度補正予算において取り崩した基金名と取崩額
　　　　　　　　基金名（　　　　　　　）取崩額（　　　　　　）千円
　　　　　　　　基金名（　　　　　　　）取崩額（　　　　　　）千円
　　　　　　　　基金名（　　　　　　　）取崩額（　　　　　　）千円

　　・市場公募債発行団体にお聞きします。
　　　市場公募債償還のための基金のR元年度末の現在高　（　　　　　　）千円
　　　うちR2年度補正予算における取崩額　　　　　（　　　　　　）千円

4．R2年度当初予算においてコロナ対応の予算を組みましたか。
　　①特に組んでいない
　　②コロナ対応の予算を盛り込んだ　　内容（　　　　　　　　　　　　　　　　　　）

5．R2年度補正予算（4月補正～6月補正）におけるコロナ対応についてお聞きします（複数回答、2つまで）。
　　・単独事業の予算規模を決めるにあたって特に意識された点は何でしょうか。
　　　①財政調整基金等の基金取崩可能額　　　②地方創生臨時交付金の限度額
　　　③新型コロナ対策の方針に沿った必要事業費　④当初予算の組み替え（減額補正）による財源捻出
　　　⑤その他（　　　　　　　　）
　　・国の補助事業について課題、問題点があればお教えください

　　・R2年度当初予算に計上された事業で、財源確保のために減額補正した経費についてお聞かせください。
　　　事業名（　　　　　　　）事業費（　　　　　）千円　減額補正額（　　　　　）千円
　　　事業名（　　　　　　　）事業費（　　　　　）千円　減額補正額（　　　　　）千円
　　　事業名（　　　　　　　）事業費（　　　　　）千円　減額補正額（　　　　　）千円

・今後当初予算の減額補正を行うかどうかについての考え方をお教えください。

6．新型コロナウイルス感染症対応地方創生臨時交付金についてお聞きします。
　　・単独事業（第一次分）について、貴市の交付限度額　　　（　　　　　　　）千円
　　・単独事業（第一次分）について、どのような事業に交付金を計上したでしょうか
　　　Ⅰ．感染拡大防止と医療提供体制の整備等　　　　（　　　）件（　　　　　　）千円
　　　Ⅱ．雇用の維持と事業の継続　　　　　　　　　　（　　　）件（　　　　　　）千円
　　　Ⅲ．次の段階としての官民を挙げた経済活動の回復（　　　）件（　　　　　　）千円
　　　Ⅳ．強靱な経済構造の構築　　　　　　　　　　　（　　　）件（　　　　　　）千円
　・単独事業（第二次分）について、貴市の交付限度額　　　（　　　　　　　）千円
　・新型コロナウイルス感染症対応地方創生臨時交付金の課題や問題点があればお聞かせください。

7．新型コロナ対応による今年度の地方税の延納・徴収猶予の影響額についてお聞きします（推計されている場合は推計額、推計されていない場合は5月末時点での実績）。　　①年間推計額　②5月末実績額
　　・影響額　　　法人住民税　　　（　　　　　　）千円　　個人住民税（　　　　　　　）千円
　　　　　　　　　固定資産税　　　（　　　　　　）千円　　都市計画税（　　　　　　　）千円
　　　　　　　　　国民健康保険税（　　　　　　）千円　　軽自動車税（　　　　　　　）千円
　　　　　　　　　その他　　　　　（　　　　　　）千円

8．貴市独自の今後の地域経済対策についてお聞かせください。
　　・秋以降の補正予算において検討している事業があればお教えください。

9．秋・冬に予想される第二波への対応と財源についてお聞きします。
　　・職員体制の拡充を予定されている場合、その内容およびとそれに係る財源についてお聞かせください。

　　・医療機関等への財政支援についてお聞かせください。

10．政府は地方一般財源総額について、2011年度から実質前年度同水準ルールを継続していますが、その影響とお考えをお聞かせください。

11．政府のコロナ対応の財政措置についてのお考えをお聞きします。
　　　①十分　　②まあまあ十分　　③やや不十分　　④きわめて不十分
　　・政府の財政措置に関する具体的なお考えをお聞かせください。

12．起債についてお聞きします。
　　・新型コロナ禍を災害対策基本法等の対象とし、地方財政法5条債の起債対象とすることについてのお考えをお聞かせください。

アンケート様式③　コロナ対策と財政に関する中核市アンケート

　新型コロナウイルス対策に関する財政対応について、以下の項目でそれぞれ当てはまる番号を一つだけ選んで○をつけてください。また、該当する欄にはご記入ください。

1．自治体名　　　　　　（　　　　　　　）
2．回答者の所属部課名　（　　　　　　　）
3．貴市の財政状況についてお聞きします。
　・財政調整基金R元年度末の現在高　　　　　　　　（　　　　　）千円
　　うちR2年度補正予算における取崩額　　　　　　（　　　　　）千円
　・減債基金（任意積み立て分）のR元年度末の現在高　（　　　　　）千円
　　うちR2年度補正予算における取崩額　　　　　　（　　　　　）千円
　・特定目的基金R元年度末の現在高　　　　　　　　（　　　　　）千円
　　うちR2年度補正予算において取り崩した基金名と取崩額
　　　　　　　　基金名（　　　　　　　）取崩額（　　　　　）千円
　　　　　　　　基金名（　　　　　　　）取崩額（　　　　　）千円
　　　　　　　　基金名（　　　　　　　）取崩額（　　　　　）千円

4．R2年度当初予算においてコロナ対応の予算を組みましたか。
　　①特に組んでいない
　　②コロナ対応の予算を盛り込んだ

内容	

5．R2年度補正予算（4月補正～6月補正）におけるコロナ対応についてお聞きします（複数回答、2つまで）。
　・単独事業の予算規模を決めるにあたって特に意識された点は何でしょうか。
　　①財政調整基金等の基金取崩可能額　　　②地方創生臨時交付金の限度額
　　③新型コロナ対策の方針に沿った必要事業費　④当初予算の組み替え（減額補正）による財源捻出
　　⑤その他（　　　　　　　　　　）
　・国の補助事業について課題、問題点があればお教えください

　・R2年度当初予算に計上された事業で、財源確保のために減額補正した経費についてお聞かせください。
　　事業名（　　　　　　　）事業費（　　　　　）千円　減額補正額（　　　　　）千円
　　事業名（　　　　　　　）事業費（　　　　　）千円　減額補正額（　　　　　）千円
　　事業名（　　　　　　　）事業費（　　　　　）千円　減額補正額（　　　　　）千円
・今後当初予算の減額補正を行うかどうかについての考え方をお教えください。

6．新型コロナウイルス感染症対応地方創生臨時交付金についてお聞きします。
　・単独事業（第一次分）について、貴市の交付限度額　　（　　　　　）千円
　・単独事業（第一次分）について、どのような事業に交付金を計上したでしょうか
　　Ⅰ．感染拡大防止と医療提供体制の整備等　　　　（　　）件（　　　　　）千円
　　Ⅱ．雇用の維持と事業の継続　　　　　　　　　　（　　）件（　　　　　）千円
　　Ⅲ．次の段階としての官民を挙げた経済活動の回復（　　）件（　　　　　）千円
　　Ⅳ．強靭な経済構造の構築　　　　　　　　　　　（　　）件（　　　　　）千円
　・単独事業（第二次分）について、貴市の交付限度額　　（　　　　　）千円
　・新型コロナウイルス感染症対応地方創生臨時交付金の課題や問題点があればお聞かせください。

7．新型コロナ対応による今年度の地方税の延納・徴収猶予の影響額についてお聞きします（推計されている場合は推計額、推計されていない場合は５月末時点での実績）。　①年間推計額　②５月末実績額
　・影響額（推計）　　法人住民税　　（　　　　　）千円　個人住民税　（　　　　　）千円
　　　　　　　　　　　固定資産税　　（　　　　　）千円　都市計画税　（　　　　　）千円
　　　　　　　　　　　国民健康保険税（　　　　　）千円　軽自動車税　（　　　　　）千円
　　　　　　　　　　　その他　　　　（　　　　　）千円

8．貴市独自の今後の地域経済対策についてお聞かせください。
　・秋以降の補正予算において検討している事業があればお教えください。

9．秋・冬に予想される第二波への対応と財源についてお聞きします。
　・職員体制の拡充を予定されている場合、その内容およびとれに係る財源についてお聞かせください。

　・医療機関等への財政支援についてお聞かせください。

10．政府は地方一般財源総額について、2011年度から実質前年度同水準ルールを継続していますが、その影響とお考えをお聞きください。

11．政府のコロナ対応の財政措置についてのお考えをお聞きします。
　　　①十分　　②まあまあ十分　　③やや不十分　　④きわめて不十分
　・政府の財政措置に関する具体的なお考えをお聞かせください。

12．起債についてお聞きします。
　・新型コロナ禍を災害対策基本法等の対象とし、地方財政法５条債の起債対象とすることについてのお考えをお聞かせください。

資料 4　自治体のコロナ対策と補正予算に関する事例

事例参照期間：2020 年 8 月〜10 月

◆医療体制・PCR 対策・感染者への支援

【埼玉県の取り組み】

　埼玉県は 9 月に、「新型コロナウイルス感染拡大期に対応した医療提供体制の整備等」に 549 億 1100 万円、県内経済活動の回復と「新しい生活様式」への対応に 4 億 6800 万円などを盛り込んだ約 877 億 5000 万円と、「新型コロナウイルスとインフルエンザの同時流行に備え」抗原検査費用などを盛り込んだ約 436 億 1000 万円の合計約 1313 億 6000 万円の一般会計補正予算を提出した。2020 年度の一般会計の補正後の累計は 2 兆 3083 億 9000 万円となる。

　「新型コロナウイルスとインフルエンザの同時流行に備えた」補正予算に、高齢者等のインフルエンザワクチン接種費用の無償化に対する補助 21 億 3961 万円と、コロナとインフルのどちらの可能性もある発熱患者に対し、抗原検査費用を補助する 36 億 9920 万円も含まれている。

　政府が閣議決定した「新型コロナウイルス感染症対策予備費使用」を踏まえ、検査・医療提供体制を強化するために必要な経費について補正予算を編成する。

　地域の医師会などと協議、合意の上で県が地域の 1200 医療機関を「診療・検査医療機関」に指定し、周知するための 6 億 66 万円の協力金を創設。発熱患者から相談を受ける体制を強化する経費などとして、1 医療機関当たり 50 万円を助成する。マスクなど医療物資を保管、配送する費用（3220 万円）も計上し、身近な医療機関でコロナとインフルの両方を診療、検査できる新たな体制を構築する。

　さらに患者の入院治療に備えて病床を確保する重点医療機関には、国の診療報酬引き上げに合わせ、現在の 5 万 2000 円から 7 万 1000 円に増額し、特定機能病院などについては 7 万 4000 円にそれぞれ増額する。

　生活困窮者への支援では貸付原資や事務費として補助金を増額（203 億 4709 万円）する。県は「検査、医療提供体制の強化や生活福祉資金の特例貸し付けの延長に要する経費について、国の動向に迅速に対応する」としている。（埼玉新聞 2020 年 10 月 3 日 WEB 記事および埼玉県議会資料を参照）

【東京都新宿区の取り組み】

　新宿区は、新たなコロナ対策として、インフルエンザの予防接種を無料で受け

られる対象者を拡大。患者を増やさないようにすることで医療体制が逼迫（ひっぱく）するのを避ける。また、子育て世帯への支援も拡充する。インフルエンザの予防接種の自己負担は 10 月から、高齢者（65 歳以上）と子ども（13 歳未満）を無料とする。

　コロナ対策で国は特別定額給付金として一律 10 万円を支給したが、対象とならなかった 4 月 28 日から 21 年 3 月末までに生まれた子どもの成長を支援しようと、その保護者にも子ども一人当たり 10 万円を支給する。対象となる保護者は、8 月 28 日以前に区外に転出している人を除く。（新宿区ウェブサイトおよび東京新聞 2020 年 9 月 8 日 WEB 記事を参照）

【兵庫県明石市の取り組み】

　明石市は、新型コロナウイルス感染症対策として市独自の 17 の支援策をあげている。

　そのなか、全国初の在宅介護応援として、新型コロナウイルスの影響で家に閉じこもりがちな在宅の要支援・要介護状態の市民に交付金として 1 万円を支給。認知症と診断された市民にさらに 2 万円を上乗せし 3 万円の交付を始めた。認知症の診断費は無料。

　また、全国初となる交付金の支給対象となる認知症の人には、市が相談機関などを情報提供し、介護サービスの利用状況を記入できる「あかしオレンジ手帳」（認知症手帳）を交付し総合的に支援する。手帳を手渡す際、介護の負担を軽減するサポート券も配る。当事者と介護者の無料弁当宅配計 20 回分、寄り添い支援サービス券として見守り、話し相手や外出時の付き添い計 10 回分と、1 泊 2 日のショートステイ利用券で支援を行う。（明石市ウェブサイトを参照）

◆教育分野への支援

【秋田県由利本荘市の取り組み】

　由利本荘市は、「感染対策を徹底して子どもの受け入れを継続することで、現場の負担が大きかったため」「幼保施設・学童保育施設」に勤務する保育士ら約 780 人に 1 人当たり最大 5 万円または 3 万円の慰労金を給付。（由利本荘市ウェブサイトおよび秋田 魁 新報 WEB 記事を参照）

【大阪府池田市の取り組み】

　池田市は、新型コロナウイルス感染症による経済的影響を緩和するため、大学生などに給付金の支給をおこなっている。対象者は、令和 2 年 4 月 27 日時点で池

田市に住民登録があり、学校教育法に定める大学（大学院を含む）、短期大学、専門学校（専修学校専門課程）、高等専門学校（第4学年、第5学年および専攻科）に在籍している方対象者1人につき1万円（1回限り）。（池田市ウェブサイトを参照）

【福岡県福岡市の取り組み】

　福岡市は、新型コロナウイルス対策として2020年度一般会計補正予算を70億7950万円増額。市民生活支援のため、18歳以下の子どもと65歳以上の高齢者を対象としたインフルエンザ予防接種費用の助成事業などを盛り込み、予防接種助成事業は自己負担金1000円で受けられるように8億366万円を計上。

　また、子どもの学びの確保として、教室での密集を避けるため、来年度より小・中全学年で35人以下学級にするために新たに計308教室が必要として、特別教室の改修やプレハブ校舎の設置などを進める。事業費としては4億5939万円を計上。（福岡市ウエブサイトおよび西日本新聞2020年8月29日WEB記事を参照）

◆地域経済対策

【富山県射水市の取り組み】

　射水市は、新型コロナウイルス感染症の影響を受けている事業者支援とシロエビ、サクラマスの販路拡大、いみずブランドの推進のため、シロエビ、サクラマスを活用しオリジナルメニュー開発・新規メニュー導入に協力いただける県内の飲食店にこれらの食材の無料提供に取り組む。50店程度募り、漁業の支援を行う。

　「いみずブランド推進事業」として事業費2000万円を2020年度一般会計補正予算案に計上した。（射水市ウエブサイトおよび北日本新聞2020年9月11日WEB記事を参照）

【長崎県諫早市の取り組み】

　諫早市は、新型コロナウイルス感染対策として、総額5億2000万円の緊急経済対策を計上。新型コロナ感染症拡大に深刻な影響を受ける飲食事業者の経営及び事業継続を支援する｜新型コロナウイルス感染症対策緊急経営支援給付金（飲食事業者）制度」を長崎県内で初めて新設した。飲食事業者を支援するため、宴会場やホールなどの面積に応じた助成制度（予算額1000万円）。新制度は、3～9月のうち1カ月間の売り上げが前年同期比30％以上減少した飲食事業者が対象。宴会場やホールなどの面積に応じ、30万円と50万円を助成。

　また、中小事業者の年末の資金繰りを支援するため、市の緊急資金融資事業の

融資枠を 6 億円増の 30 億円に拡大。5 月に開始した同事業は 149 件、20 億 3500 万円の融資を実施した。（諫早市ウェブサイトおよび長崎新聞 2020 年 10 月 10 日 WEB 記事を参照）

◆失業・生活困窮者への支援

【埼玉県小鹿野町（おがのまち）の取り組み】

埼玉県の小鹿野町は、新型コロナウイルス感染症対策事業として、収入が世帯人数ごとに設定した基準額以下となった世帯に 30 万円を給付。新生児特別定額給付金事業は、国の特別定額給付金の対象外となる 4 月 28 日以降の新生児に 10 万円を給付する。

その他、町内の診療所に 30 万円、薬局に 10 万円を給付するほか、PCR 検査が必要となった人に診察費用などを 1 回当たり 5000 円助成する。また、福祉サービス事業所に 10 万円を給付。（小鹿野町ウェブサイトおよび埼玉新聞 2020 年 8 月 31 日 WEB 記事を参照）

【兵庫県神戸市の取り組み】

新型コロナウイルスの影響で困難に直面している市民を支援しようと、神戸市は、専用サイトを使って、市内外から「応援したいこと」を募った上で、協力者を見つけ、実現させる取り組み「with コロナ KOBE 応援プラットフォーム」を始めた。

まず応援したいことがある NPO 法人など、団体や企業、個人を募集。集まった「応援者」には、専用サイトの応募フォームに、自分が応援したい分野や支援したい内容を具体的に入力してもらう。申し込みを受けると、市側は、支援したい分野や内容から、他の応援者と結び付けたり、新たな応援者をサイトで募集したりして、チームづくりをサポートする。支援する相手や方法は、応援者の意思を尊重しつつ、各分野の専門家の助言も踏まえて決定する。

応援カテゴリーは、①子どもの応援、②高齢者の応援、③障がい者の応援、④学生の応援、⑤医療従事者の応援、⑥地域の応援、⑦文化芸術・スポーツの応援、⑧NPO の応援、⑨飲食店の応援、⑩事業者の応援、⑪外国人の応援、⑫その他の応援など。

専用サイトは、神戸電子専門学校の学生が担当教諭と神戸市職員のフォローを受けながら共同開発。サイト URL（https://www.city.kobe.lg.jp/a05822/20200422 071701.html）（神戸市ウェブサイトおよび神戸新聞 NEXT2020 年 9 月 11 日を参照）

◆文化芸術分野へ支援

【愛知県の取り組み】

　愛知県は、新型コロナウイルス感染症拡大により大きな影響を受け、今後の活動継続が懸念されている愛知県の文化芸術活動関係者を支援するため、「文化振興基金」を活用して寄附を募り、応援金の交付を行っている。交付額（定額）は法人20万円と個人事業者10万円、申請締切は、2021年2月28日の24時まで。

　また、新型コロナの感染拡大で活動の機会が減った県内の伝統文化団体を支援するため、公演を映像化してケーブルテレビや動画投稿サイト「YouTube」などで放映する事業を始める。映像化されるのは、能、狂言、箏（こと）、舞踊、華道の5分野の各1団体。古典的な演目と、新たな工夫を凝らした演目の2つを披露する。来年1月中旬から3月に、県内の全ケーブルテレビ14局で放映し、特設のウェブサイトとYouTubeでも配信する。

　県は製作費など4000万円を補正予算として一般会計に計上している。（愛知県ウェブサイトおよび中日新聞2020年10月13日WEB記事を参照）

【石川県金沢市の取り組み】

　金沢市は、新型コロナウイルスの経済対策として、金沢市金澤町家活用事業継続緊急支援給付金制度を設ける。当給付金は減収分を補う国の「持続化給付金」（50%以上の売上減少が要件）の対象から外れる事業者の方を市独自に支援するもの。経営継続や新規開業を後押しし、城下町の街並みを形作る町家の保存、継承につなげる。

　給付金は事業継続向けと新規開業向けの2種類。事業継続は金澤町家を活用する事業者のうち、売上高の減少率が前年同月比30%以上50%未満の場合で、30万円を上限に給付する。

　新規開業は4月以降に町家で商売を始めた事業者に対し、家賃や準備経費などを上限50万円（補助率3分の2）として補助する。12月末までの開業が対象となる。（金沢市ウェブサイトおよび北國新聞2020年9月8日WEB記事を参照）

【岡山県の取り組み】

　岡山県は、文化施設の支援として、新型コロナウイルスの感染拡大防止対策に取り組む文化施設に、必要な経費の2分の1を補助。対象事業者は、観劇や音楽鑑賞、美術展示などを催す施設の設置者や管理者向けで、公立、私立は問わない。7月に募集したが、実際の補助額が予算枠の見込みを下回ったため、改めて利用を呼び掛ける。

感染拡大防止対策のために必要な機材の導入と衛生面の対策に必要な物品を購入したり、工事に対する補助として空調設備を改修したりする経費が対象で、上限は内容などに応じて100万～200万円を給付。（岡山県文化連盟ウェブサイトおよび山陽新聞2020年9月8日WEB記事を参照）

［著者紹介］

平岡　和久（ひらおか・かずひさ）

　1960 年広島県生まれ。1993 年大阪市立大学大学院経済学研究科博士後期課程単位取得退学。高知短期大学助教授、高知大学助教授・教授を経て、2006 年 4 月から立命館大学政策科学部教授。自治体問題研究所副理事長。

主な著書

『人口減少と危機のなかの地方行財政——自治拡充型福祉国家を求めて』自治体研究社、2020 年

『「自治体戦略 2040 構想」と地方自治 』（共著）自治体研究社、2019 年

『都道府県出先機関の実証研究——自治体間連携と都道府県機能の分析』（共著）法律文化社、2018 年

森　裕之（もり・ひろゆき）

　1967 年大阪府生まれ。大阪市立大学商学部、同大学院経営学研究科後期博士課程中退後、高知大学助手。その後、高知大学専任講師、大阪教育大学専任講師・助教授を経て、2003 年から立命館大学政策科学部助教授。2009 年より同教授。

主な著書

『市民と議員のための自治体財政——これでわかる基本と勘どころ』自治体研究社、2020 年

『大都市自治を問う——大阪・橋下市政の検証』（共編著）、学芸出版社、2015 年

『公共事業改革論——長野県モデルの検証』有斐閣、2008 年

新型コロナ対策と自治体財政
—緊急アンケートから考える—

2020 年 12 月 10 日　　初版第 1 刷発行

　　　　　　　著　者　平岡和久・森　裕之
　　　　　　　発行者　長平　弘
　　　　　　　発行所　㈱自治体研究社
　　　　　　　　　　　〒162-8512 新宿区矢来町 123　矢来ビル 4 F
　　　　　　　　　　　TEL：03·3235·5941／FAX：03·3235·5933
　　　　　　　　　　　http://www.jichiken.jp/
　　　　　　　　　　　E-Mail：info@jichiken.jp

ISBN978-4-88037-719-3 C0036

DTP：赤塚　修
デザイン：アルファ・デザイン
印刷・製本：モリモト印刷株式会社